Tucholsky Wagner Zola Scott Sydow Freud Schlegel
Turgenev Wallace Fonatne
Twain Walther von der Vogelweide Fouqué Friedrich II. von Preußen
Weber Freiligrath Frey
Fechner Fichte Weiße Rose von Fallersleben Kant Ernst Richthofen Frommel
Engels Fielding Hölderlin
Fehrs Faber Flaubert Eichendorff Tacitus Dumas
Maximilian I. von Habsburg Fock Eliasberg Zweig Ebner Eschenbach
Feuerbach Ewald Eliot Vergil
Goethe Elisabeth von Österreich London
Mendelssohn Balzac Shakespeare Dostojewski Ganghofer
Trackl Stevenson Lichtenberg Rathenau Doyle Gjellerup
Mommsen Tolstoi Hambruch
Thoma Lenz Hanrieder Droste-Hülshoff
Dach Verne von Arnim Hägele Hauff Humboldt
Karrillon Reuter Rousseau Hagen Hauptmann Gautier
Garschin Defoe Hebbel Baudelaire
Damaschke Descartes
Wolfram von Eschenbach Dickens Schopenhauer Hegel Kussmaul Herder
Bronner Darwin Melville Grimm Jerome Rilke George
Campe Horváth Aristoteles Bebel Proust
Bismarck Vigny Barlach Voltaire Federer Herodot
Gengenbach Heine
Storm Casanova Tersteegen Gilm Grillparzer Georgy
Chamberlain Lessing Langbein Gryphius
Brentano Lafontaine
Strachwitz Claudius Schiller Kralik Iffland Sokrates
Katharina II. von Rußland Bellamy Schilling
Gerstäcker Raabe Gibbon Tschechow
Löns Hesse Hoffmann Gogol Wilde Gleim Vulpius
Luther Heym Hofmannsthal Klee Hölty Morgenstern Goedicke
Roth Heyse Klopstock Kleist
Luxemburg Puschkin Homer Mörike
La Roche Horaz Musil
Machiavelli Kierkegaard Kraft Kraus
Navarra Aurel Musset Lamprecht Kind Kirchhoff Hugo Moltke
Nestroy Marie de France
Laotse Ipsen Liebknecht
Nietzsche Nansen Ringelnatz
Marx Lassalle Gorki Klett Leibniz
von Ossietzky May vom Stein Lawrence Irving
Petalozzi Platon Knigge
Sachs Pückler Michelangelo Kock Kafka
Poe Liebermann Korolenko
de Sade Praetorius Mistral Zetkin

Der Verlag tredition aus Hamburg veröffentlicht in der Reihe **TREDITION CLASSICS** Werke aus mehr als zwei Jahrtausenden. Diese waren zu einem Großteil vergriffen oder nur noch antiquarisch erhältlich.

Symbolfigur für **TREDITION CLASSICS** ist Johannes Gutenberg (1400 — 1468), der Erfinder des Buchdrucks mit Metalllettern und der Druckerpresse.

Mit der Buchreihe **TREDITION CLASSICS** verfolgt tredition das Ziel, tausende Klassiker der Weltliteratur verschiedener Sprachen wieder als gedruckte Bücher aufzulegen – und das weltweit!

Die Buchreihe dient zur Bewahrung der Literatur und Förderung der Kultur. Sie trägt so dazu bei, dass viele tausend Werke nicht in Vergessenheit geraten.

Der Teufel. Sein Mythos und seine Geschichte im Christentum

Max Henning

Impressum

Autor: Max Henning
Umschlagkonzept: toepferschumann, Berlin

Verlag: tredition GmbH, Hamburg
ISBN: 978-3-8472-3768-6
Printed in Germany

Rechtlicher Hinweis:
Alle Werke sind nach unserem besten Wissen gemeinfrei und unterliegen damit nicht mehr dem Urheberrecht.

Ziel der TREDITION CLASSICS ist es, tausende deutsch- und fremdsprachige Klassiker wieder in Buchform verfügbar zu machen. Die Werke wurden eingescannt und digitalisiert. Dadurch können etwaige Fehler nicht komplett ausgeschlossen werden. Unsere Kooperationspartner und wir von tredition versuchen, die Werke bestmöglich zu bearbeiten. Sollten Sie trotzdem einen Fehler finden, bitten wir diesen zu entschuldigen. Die Rechtschreibung der Originalausgabe wurde unverändert übernommen. Daher können sich hinsichtlich der Schreibweise Widersprüche zu der heutigen Rechtschreibung ergeben.

Einleitung.

Der Untergang der Kultur und der Religionen der alten Welt im Christentum vollzieht sich »in, mit und unter« Herausbildung des neuen allumfassenden und allesverschlingenden Mythos vom Christ, der als Sohn Gottes aus seiner himmlischen Vorexistenz in die Welt geboren wurde, um das Reich des »Fürsten dieser Welt«, das Reich Satans oder des Teufels, das im Tode gipfelt, zu zerstören und die Menschheit durch die Aufrichtung des Reiches Gottes aus seinen Banden und vor dem nahenden Weltgericht zu erretten.

Christus und im weiteren Verlaufe Gott und der Teufel mit ihren Heerscharen stehen sich von nun an als die beiden einzigen überirdischen Mächte in der Welt gegenüber. Die gesamte übrige heidnische Götterwelt ist vor ihnen erblaßt. Der Teufel als der Gegengott ist allerdings nicht ganz so mächtig als der Gott, was ja der dem Christentum vom Judentum her überkommene Monotheismus, wenigstens in dogmatischer Hinsicht, nicht zulassen konnte, aber tatsächlich doch »unter Gottes Zulassung« der eigentliche Herr der Welt bis zum Tag des endgültigen Gerichts über ihn.

Freilich unterscheidet sich dieser christliche Mythos in wesentlichen Punkten von den alten, aus freischaffender Phantasie entstandenen und ihr zur weiteren religiösen Vertiefung überlassenen Göttermythen. Während letztere ihre Wurzeln in Naturerscheinungen und Naturvorgänge herabsenkten, deren Träger eine heroisierte Dämonenwelt wurde – bei den Griechen ein olympisches Geschlecht seliger Genießer, deren Wesen eine idealisierte, ästhetisierte und ethisierte Natürlichkeit ist –, entsprießt der christliche Mythos einem weltabgewandten, naturfeindlichen, ethisch-asketischen Dualismus, in dem der Kampf zwischen den beiden personifizierten sittlichen Prinzipien Gut und Böse zum Ausdruck kommt. Der Mensch des urchristlichen Mythos ist nicht mehr der weltselige Mensch der hellenischen Blütezeit, der heiteren und freien Gemüts Natur und Geist in eins setzt und sich einen Himmel voll von Göttern mit liebenswürdigen, bisweilen allzumenschlichen Menschlichkeiten erschafft, sondern ein von Sündenschuld geplagtes, innerlich zerrissenes Wesen. Die Materie gilt ihm als Sitz allen Übels, die entgötterte Natur und das »Fleisch« als Bereich und Angriffspunkt böser Dämonen, die Welt mit ihren Freuden als nichtig, der Leib als das Gefängnis der Seele, das Jenseits als Erlösung vom Diesseits.

Ferner gerät der neue Mythos in die Hände der Theologie und unterliegt der Dogmatisierung, wodurch er in höchstem Maße kultur- und wissenschaftsfeindlich wird. Indem er endlich in der Person Jesu von Nazareth als dem Christ vermenschlicht wird und sich in der Kirche vergeschichtlicht, organisiert er sich eine kämpfende und sich siegreich ausbreitende Glaubens- und Lebensgemeinschaft überweltlichen Charakters mit universalem Anspruch, die das ganze menschliche Leben von der Geburt an bis zum Tode beherrscht und sich schließlich sogar die Weltmacht Rom dienstbar macht. Der universale Mythos wird zur universalen Theokratie. Im Guten und vielleicht noch mehr im Bösen wirkt er sich im Verlaufe von annähernd zwei Jahrtausenden als allein maßgebender Kulturfaktor aus, bis der Mensch, die Natur und sich selbst auf Erden wiederfindend, auf seinen Trümmern das Reich einer sich ewig verjüngenden, diesseitigen idealen Menschheit aus eigener Kraft aufzurichten sich anschickt, die nunmehr wiederum Geist und Natur, Sinnlichkeit und Vernunft, in sich zu einer höheren Einheit zu erheben bestrebt ist.

Im folgenden soll die Entstehung dieses Mythos, seine mit Blut und Tränen geschriebene Geschichte und sein Zusammenbruch vor der Wissenschaft in großen Strichen gezeichnet werden als die Entwicklungsgeschichte des Teufels im besonderen und als eine Entwicklungsphase des religiösen Denkens im allgemeinen.

I. Vorgeschichte des Teufels.

Entstehung des Dämonen- und Götterglaubens.

Vor dem Menschen war das Tier und aus dem Getier erhob sich der Tiermensch und ward zum Menschen. Mensch aber ward der Tiermensch dadurch, daß der Funke Vernunft in seinem Hirne aufzuglimmen begann – matt und flackernd zunächst wie ein Irrlicht – und Fragen an seine Umwelt stellte, soweit seine einfachsten Lebensbedürfnisse, die Stillung seines Hungers, die Sicherung seines Lebens, die Fortpflanzung seines Geschlechts es erforderten. In diesen engen Bezirken begann der Mensch zunächst die Welt sich zu erklären, die Natur sich dienstbar zu machen. Als einzigen Erkenntnisschlüssel für die Welt aber besaß er nur sein eigenes Wesen. Und so bemaß und erklärte er sich die Dinge und Vorgänge in seiner Umwelt nach seinem eigenen Wesen und trug es in alles hinein. Hinter allem sah er geheimnisvolle Kräfte lauern, ähnlich ihm selbst, und alle auf sich selbst gerichtet. Er fühlte sich selbst als den Mittelpunkt, um den sich alles Geschehen drehte. Es waren durchaus keine holden, freundlichen Kräfte, die er in der Natur am Werk sah, wie er selbst im Anfang dem Menschen gegenüber nicht hold war. Homo homini lupus! Der Mensch dem Menschen ein Wolf! Tückische, feindliche Kräfte, dämonenhafte, spuk- und geisterartige Wesen, ähnlich seinen schreckhaften Traumgebilden, umlauerten ihn auf Schritt und Tritt, stets bereit, ihm Schaden zuzufügen. Nur ganz wenige waren ihm freundlicher gesinnt, wie der in der Flamme seines Herdfeuers sich offenbarende Dämon oder die Geister seiner Väter und Vorväter, denen er seine Kenntnisse des Feueranmachens, der Jagd, des Fischfangs und dgl. verdankte, die ihm sein Obdach schützten und denen er zum Dank dafür und zur Erhaltung ihres Wohlwollens Opfergaben in Gestalt von Speise und Trank darbrachte.

Und der Mensch wuchs und wuchs und ward zu einem seßhaften, ackerbauenden Wesen. Brauch und Sitte festigten sich ihm, und

Hand in Hand mit seinem Kulturaufstieg gestalteten sich seine Vorstellungen von der ihn umgebenden Dämonenwelt freundlicher. Die Schar der hilfreichen wohlgesinnten Geister erweiterte sich, er lernte die segenbringenden Wirkungen der Naturerscheinungen in ihrem Wechsel mit den zerstörenden, Winterskälte und Sommersglut, Sturm, Regen, Gewitter und Sonnenschein, kennen. Ganz von der Natur und ihren Erscheinungen in seinem Dasein sich abhängig fühlend, sah er in ihnen gute und böse, d. h. nützliche und schädliche, Dämonen in ewigem Kampf, deren Gunst zu erlangen und Zorn abzuwehren er in der Darbringung reicher Opferspenden – und seien es selbst Menschenopfer – als seine Lebensaufgabe ansah!

Aber mit der beginnenden Kultur ward er auch ein soziales Wesen. Über das primitive, kulturlose Hordenleben hinauswachsend, organisierte er sich im Stammesleben und organisierte Stämme schlossen sich wieder zu Stammesverbänden, zu Völkern, zusammen. Die sozialethische Stammes- und Volksordnung erzeugte in ihm auch die Vorstellung von gut und böse im *ethischen* Sinne. Er trug sie in seine Dämonenvorstellung hinein und erschuf sich dadurch die *Götterwelt*. Seine Götter galten ihm nunmehr als die Schöpfer der sittlichen Weltordnung, während er selbst sich als ihr Geschöpf fühlte. So wuchs in den naturhaften Gegensatz holder und unholder überirdischer Mächte auch der sittliche Gegensatz hinein. Die Winterriesen, die Dämonen der Finsternis, der Wüste und unfruchtbaren Steppe, der Krankheiten und des Todes wurden ihm nunmehr auch die Träger des Bösen gegenüber den freundlichen, Licht, Fruchtbarkeit und Leben spendenden Göttern, die in seligen Götterburgen oder im Himmel selbst thronten und das Regiment der Welt sowie das Schicksal der Menschen in Händen hielten. Noch tobte zwar der Kampf zwischen beiden Lagern weiter, doch rüttelten die bösen Dämonen vergebens an den festgegründeten Pfeilern der natürlichen und sittlichen Ordnung der Welt.

Nach diesem Schema etwa vollzog sich bei fast allen aufsteigenden Kulturvölkern die Entwicklung der religiösen Vorstellungswelt, bis sich das Prinzip des Guten sowie des Bösen in je einer überragenden Götter- und Dämonengestalt in der von Zarathustra auf Grund älterer, mehr naturhafter Vorstellungen gestifteten persischen Mazdayasnareligion verdichtete.

Die Mazdayasnareligion.

Der Feuerpriester Zarathustra, der von der heiligen Sage umsponnene Stifter der Mazdayasnareligion, nach der Legende um 600 v. Chr. geboren, als Religionsstifter im Alter von vierzig Jahren auftretend und 522 gestorben, verkündete in Ormuzd (Ahuramazda) den von Licht umflossenen, selbst lichten, reinen, allwissenden, allgütigen, wahren und einigen Gott, unter dem der heilige Geist (Spenta Mainyu) alles Gute, Ahriman (Angro mainyu) als Prinzip des Bösen alles Böse erschaffen hat. Beide bekämpfen einander mit ihren dienenden Geistern. In den späteren heiligen Schriften tritt uns jedoch ein ausgesprochener Dualismus scharf entgegen. Hier stehen sich Ormuzd selbst mit seinen zahllosen Engelscharen und Ahriman mit seinen ebenso zahlreichen Scharen böser Dews von Anfang an in ewigem Kampfe gegenüber. Das gesamte Welt- und Geschichtsdrama ist die Entfaltung dieses Gegensatzes, der sich auf Erden nicht nur im Gegensatz von Kulturland und Wüste, Ackerbau und Nomadentum, nützlichen und schädlichen Pflanzen und Tieren, sondern auch in der Brust des Menschen im Kampf zwischen gut und böse, Wahrheit und Lüge abspielt, bis Ahriman von Ormuzd endgültig besiegt ist und die ganze Schöpfung, selbst Ahriman, im Feuer des Weltbrands geläutert und alles zu Licht wird.

Ganz durchsichtig erscheint jedoch auch in der spätern Entwicklung der Religion das Verhältnis zwischen beiden noch nicht. Jedenfalls darf von einem ethischen Dualismus zwischen Geist und Materie – der Geist als Prinzip des Guten, die Materie als Prinzip des Bösen – nicht gesprochen werden, da die Welt, von Ormuzd erschaffen, uranfänglich gut ist und Ahriman nur als ihr Verderber, als Herr der Lüge, des Trugs und Frevels, der Unreinheit und des Todes, sowie als Schöpfer der verderblichen Tiere, alles Ungeziefers und der schädlichen Pflanzen erscheint. Zarathustras Religion, die »Religion der Reinheit« mit dem Moralprinzip »gut denken, gut reden, gut handeln«, ursprünglich eine religiös-philosophische Lehre, eine »Religion der Wissenden«, konnte erst nach Mythologisierung durch die volkstümlichen Göttergestalten, insonders Mithra, Volksreligion werden, als die sie sich mit Unterbrechung bis zur Vernichtung des Sassanidenreiches durch den Islam erhalten hat. Als »Hochburg der Ethik«, insonders aber in ihrem kampf- und lebensfreudigen Optimismus, erscheint sie als eine der erhabensten religiösen Schöpfungen des Altertums, die durch den Umstand, daß ganz Vorderasien vom Indus bis zum Nil jahrhundertelang unter persischer Oberhoheit stand, auf die Religionen Vorderasiens von tiefgreifender Wirkung gewesen ist. Dieser Einfluß zeigt sich besonders im späteren nachexilischen Judentum und dem aus ihm hervorgegangenen Christentum, wie selbst noch im Islam. Allerdings wurde Ahriman auch neben einem beträchtlichen babylonischen Einschlag der Stammvater Satans, des jüdischen und christlichen Teufels.

Der Satan im Alten Testament.

Die alten Hebräer kannten in ihrer vorexilischen Zeit noch keinen Teufel, wiewohl sich Rudimente eines alten volkstümlichen Dämonenglaubens bei ihnen finden. So hören wir u.a. von dem Wüstendämon Azazel, dem am großen Sühnetage, dem Versöhnungsfest, ein Bock, mit der Sündenschuld des Volks beladen, in die Wüste hinaus entsandt wurde. Erst in dem nachexilischen Buche Hiob tritt uns der »Satan« als »Ankläger« oder »Widersacher« der Menschen entgegen. Nach althebräischer, auch von der Prophetie vertretener Anschauung gilt Jahve als der heilige und gerechte Gott, dem ein heiliges und gerechtes Leben in der Befolgung seiner Gebote zu weihen ist, um dafür als Lohn von ihm ein glückliches Leben auf Erden zu erlangen. Leiden und Übel werden als Strafe für die Übertretung der Gebote Jahves angesehen. Aber nur zu oft zeigte es sich, daß der Schuldige im Glück lebte, während der Gottesfürchtige vom Unglück betroffen ward. Wie stand dies mit der göttlichen Gerechtigkeit im Einklang? Aus dem schweren Konflikt des guten Gewissens mit der bisher herrschenden religiösen Auffassung wurde die Dichtung des Buches Hiob geboren, eine der bedeutsamsten Schöpfungen nicht nur der religiösen, sondern auch poetischen Weltliteratur. Die folgenschwere Lösung findet der Dichter auf dem Wege, daß er das Übel nicht mehr als Strafe für begangene Sünden, sondern als göttliche Prüfung, als Läuterungs- und Erziehungsmittel bewertet. Gott läßt im Sinne der Versuchung das Übel zu. Aber er ist nicht mehr wie bisher, wie z. B. in der Geschichte der Opferung Isaaks oder der Volkszählung Davids, selbst der Versucher. Dem vorgeschrittenen religiösen Bewußtsein erschien dies nicht mehr mit der Gottesvorstellung vereinbar. Vielmehr ist dies nunmehr das Amt des Satans, eines der Gottessöhne (d. i. Engel), der sich mit den andern Gottessöhnen zur Audienz bei Jahve einfinden darf, also durchaus noch nicht ein widergöttliches, sondern Gott dienendes Engelwesen ist, etwa mit der Funktion eines moralischen Aufsichtsrats der Menschen und Oberstaatsanwalts Jahves in einer Person. Seine Aufgabe ist es, auf der Erde umherzustreifen und nach dem Rechten zu sehen, Vergehen aber vor Gottes Thron zu bringen. Solch ein Beruf färbt natürlich ab, läßt überall Unrat wittern und verdirbt schließlich den Charakter. Als Jahve ihm Hiobs Frömmigkeit rühmt, zieht er sie zynisch als keine selbstlose in Zweifel und wird dadurch mit Jahves Zulassung der Veranlasser von Hiobs Heimsuchung, indem er zunächst sein Gut und Vaterglück vernichtet, und als dieses bei Hiobs unerschütterlicher Frömmigkeit fehlgeht, Hiob selbst mit Aussatz schlägt.

Zum andern Male tritt uns der Satan bei dem nachexilischen Propheten Zacharia entgegen, der in der Zeit des Königs Darius wirkte. Der Prophet sieht in einer Vision den Hohenpriester Josua mit beschmutztem Gewand als Vertreter seines Volkes vor Jahve stehen und ihm zur Rechten als Ankläger den Satan. Jahve aber gebietet ihm, bevor er noch den Mund aufgetan, Schweigen und nimmt den Hohenpriester und sein Volk wieder in Gnaden an. Der Gegensatz zwischen ihm und Jahve hat dadurch, daß dieser ihn gar nicht zu Wort kommen läßt, eine größere Spannung als im Buche Hiob erhalten.

Endlich finden wir den Satan noch im späten nachexilischen Buch der Chronik, wo das Wort ohne Artikel, also als Eigenname, gebraucht wird, und zwar in der bereits erwähnten Geschichte der Volkszählung Davids, im Gegensatz zum 2. Buch Samuelis Kap. 24, wo Jahve selbst David aus Zorn zur Volkszählung anstiftete.

Das ist alles, was uns die kanonischen Schriften des Alten Testaments vom Satan zu berichten wissen. Bisher ist der parsistische Einfluß noch kaum wahrnehmbar. Viel eher ließe sich an ein Übergreifen der babylonischen Vorstellung vom Bel dabâbi denken, dem

Anklägergeist, der jedem Menschen zur Seite steht. Einen außerordentlichen Fortschritt in der Ausbildung der Vorstellung vom Satan als einem widergöttlichen bösen Prinzip finden wir jedoch in dem apokryphen, außerkanonischen, griechisch geschriebenen, von der jüdisch-alexandrinischen Geisteswelt beeinflußten Buch der Weisheit Salomos aus der Mitte des zweiten vorchristlichen Jahrhunderts. Dort heißt es (2, 23–24), Gott habe den Menschen zur Unvergänglichkeit und zum Bilde seines eigenen Wesens erschaffen. Durch den Neid des Teufels (diabolos, das griechische Wort für Satan) sei jedoch der Tod in die Welt gekommen, den alle die erfahren, die ihm, dem Teufel, angehörten. Hier also wird zum ersten Male in der jüdischen Literatur die Paradiesesschlange mit dem Teufel in eins gesetzt und als Beweggrund seiner Verführung wird der Neid angegeben. Der Einfluß des Parsismus ist in dem fortschreitenden Spannungsverhältnis zwischen Gott und dem Satan unverkennbar. Auch die Deutung der Schlange des Paradiesesmythos als Teufel scheint von dem parsistischen Paradiesesmythos angeregt zu sein, demzufolge die Urelren der Menschen, das erste Menschenpaar Meschia und Meschiane, ebenfalls von Ormuzd zur Glückseligkeit erschaffen, von Ahriman verführt werden. Hier wie dort essen sie von einer Frucht. Diese alexandrinisch-parsistische Deutung des Paradiesesmythos wird nunmehr die herrschende, auch später in der christlichen Theologie. Daß man aber in Alexandria eine genaue Kenntnis der parsistischen Religion haben konnte, ergibt sich daraus, daß die herrschende Ptolemäerdynastie Alexandria zur weltbeherrschenden wissenschaftlichen Metropole erhoben hatte. Wir wissen z. B., daß die Ptolemäer sogar ein Institut für indische Forschung errichtet hatten, und hören, daß von der ungeheuern heiligen Schriftenliteratur der Mazdayasnareligion allein die in der Bibliothek zu Alexandria katalogisierten Werke zwei Millionen Zeilen umfaßt haben sollen.

Immerhin aber bleibt noch ein wesentlicher Unterschied zwischen Ahriman und dem Teufel auch hier bestehen. Der jüdische Monotheismus konnte den Teufel als Träger des Bösen nicht zu einem mit Gott um die Weltherrschaft ringenden widergöttlichen Wesen erheben. Daher hören wir auch noch nichts von einem widergöttlichen Reiche Satans, das mit Gott und seinen Engelscharen im Kampfe liegt. Endlich erscheint der Teufel nur als Verführer und

Bewirker des physischen Übels, des Todes als höchsten. Das Alte Testament und seine Apokryphen wissen noch nichts vom Kampf des moralisch Guten und Bösen in der Menschenbrust, in der sich nach der hochstehenden Anschauung des Parsismus ebenfalls der Kampf zwischen Ormuzd und Ahriman abspielt.

II. Der Teufel im Neuen Testament.

Ein ganz anderes Bild gewährt uns dagegen das neutestamentliche Schrifttum. Hier hat der Teufel plötzlich sein Haupt furchtbar gen Himmel gereckt und ist zum »Fürsten« und »Gott dieser Welt« geworden, zu dessen Bekämpfung und Vernichtung der Messias vom Himmel her als wunderbar erzeugter Jungfrauensohn, als »Sohn Gottes«, auf Erden erschienen ist. Wir ersehen daraus, daß die Vorstellung vom Teufel jahrhundertelang im Volksglauben gewuchert haben mußte, um mit einem Schlage so allbeherrschend in Erscheinung treten zu können, und daß uns im Alten Testament nur kümmerliche Spuren von ihr erhalten sind. Ebenso aber wie der Teufelsglaube hatte der Messiasglaube eine Jahrhunderte währende Entwicklung durchmachen müssen, um schließlich in seiner Gegensätzlichkeit zum Teufelsglauben die Weltherrschaft antreten zu können. Ursprünglich nur der von der Prophetie verheißene theokratische Idealkönig Israels, war der Messias, namentlich in der apokryphen, außerkanonischen, Literatur zu einem uranfänglichen Engelwesen bei Gott geworden, als das er uns auch in der paulinischen und johanneischen Literatur des Neuen Testaments entgegentritt. Im übrigen schillert er, sowohl in der jüdisch-apokryphen wie auch der neutestamentlichen Literatur zwischen beiden Extremen, dem »Sohne Davids« und dem »Sohne Gottes«. Ebenso aber hatte sich auch die Vorstellung vom leidenden Messias auf Grund des jesajanischen freiwillig leidenden Gottesknechtes (Kap. 52, 13 – Kap. 54) ausgebildet. Und nicht nur der Volksglaube, besonders seit der Zeit der Drangsale unter dem römischen Joch, sondern auch die apokalyptische jüdische Schriftstellerei jener Zeit als Fortsetzung der alten Prophetie lebte und webte in der messianischen Hoffnung, die sich auch bei ihr in den mannigfachsten, von einem zum andern Extrem schillernden Formen kundgab. Die Offenbarung Johannis, wahrscheinlich in den letzten Jahren des Kaisers Domitian, am Ausgang des ersten christlichen Jahrhunderts, geschrieben, hat uns im 12. Kapitel ein außerordentlich wertvolles Stück dieser jüdischen Apokalyptik (geheimen göttlichen Offenbarung) aus der Zeit der Zerstörung Jerusalems, nur oberflächlich verchristlicht, erhalten. Wir führen es im folgenden an nach der von Joh. Weiß herausgegebenen Übersetzung der Schriften des Neuen Testaments mit Einklammerung der christlichen Einschaltungen:

»Und ein gewaltiges Zeichen erschien am Himmel: Ein Weib, bekleidet mit der Sonne, und der Mond unter ihren Füßen, und auf ihrem Haupte ein Kranz von zwölf Sternen, schwanger war sie und schrie in ihren Wehen des Gebärens. Und ein anderes Zeichen erschien am Himmel und siehe, ein gewaltiger feuerroter Drache mit sieben Häuptern und zehn Hörnern und auf seinen Häuptern sieben Diademe, der fegte mit seinem Schweif ein Drittel der Sterne vom Himmel und warf sie auf die Erde. Und der Drache stand vor dem Weibe, das gebären sollte, um, wenn es geboren, ihr Kind zu verschlingen. Und es gebar einen Knaben, der soll ›die Heiden weiden mit ehernem Stabe‹; und ihr Kind wurde entrückt zu Gott und zu seinem Thron. Und das Weib floh in die Wüste, wo es eine von Gott bereitete Stätte hat; dort wird man sie am Leben erhalten 1260 Tage lang.

[Und es erhob sich ein Kampf im Himmel: Michael und seine Engel kämpften mit dem Drachen, und der Drache kämpfte und seine Engel, aber sie hielten nicht stand und mußten weichen aus dem Himmel. Da ward gestürzt der große Drache, die uralte Schlange, der da heißt ›Teufel‹ und ›Satan‹, der den ganzen Erdkreis verführt; gestürzt ward er zur Erde, und seine Engel wurden mit ihm gestürzt. Und ich hörte einen lauten Ruf im Himmel: Nun ist das Heil und die Kraft und die Herrschaft unserm Gott zugefallen und die Gewalt seinem Gesalbten. Denn gestürzt ist der Ankläger unserer Brüder, der sie vor Gott verklagte Tag und Nacht. (Und sie haben ihn überwunden durch das Blut des Lammes und das Wort ihres Zeugnisses und haben ihr Leben nicht geliebt bis zum Tode.) Deshalb freut euch, ihr Himmel und die darin wohnen! Wehe der Erde und dem Meer, denn der Teufel ist zu euch herabgestiegen; er tobt in gewaltigem Grimm, weil er weiß, wie kurz seine Frist ist!

Und als der Drache sah, daß er zur Erde gestürzt war, verfolgte er das Weib, das den Knaben geboren hatte.] Und es wurden dem Weibe die zwei Schwingen des großen Adlers gegeben, um in die Wüste zu fliehen an ihre Stätte, dort wird sie am Leben erhalten, eine Zeit und zwei Zeiten und eine halbe Zeit‹. <u>3 ½ Jahre = 1260 Tage, das Jahr zu 360 Tagen gerechnet.</u> Und die Schlange schleuderte aus ihrem Maule Wasser hinter dem Weibe her wie ein Strom, um das Weib in dem Strom zu ersäufen. Aber die Erde kam dem Weibe zu Hilfe, und die Erde öffnete ihren Mund und verschlang den Strom, den der Drache aus seinem Munde geboren hatte. Da entbrannte der Drache vor Wut gegen das Weib und ging hin, um zu kämpfen gegen die übrigen ihres Samens, die da halten die Gebote Gottes (und das Zeugnis Jesu haben.)«

Auf der silbernen Mondsichel schwebend, von Sonnenglanz umstrahlt, das Sternendiadem auf dem Haupte, so hat Murillo seine berühmte Madonna nach dieser Schilderung gemalt. Aber hier ist keine irdische Jungfrau Maria die Mutter des Messias. Eine Himmelsgöttin steht vor uns, und der Mythos, der von ihr erzählt wird, ist der messianisierte ägyptische Seth- und griechische Pythonmythos. Auch Leto, die Mutter des Apollo, wurde, als sie ihr von Zeus empfangenes Kind gebären sollte, vom Pythondrachen verfolgt, weil er durch ihren Sohn sterben sollte. Auf ihrer Zufluchtsstätte, der Insel Delos, wohin sie vom Nordwind getragen wurde, gebar sie Apollo, der vier Tage nach seiner Geburt den Drachen erlegte. Der jüdische Apokalyptiker verwendet den alten Mythos, der bei den verschiedensten Völkern in mannigfachen Formen umlief und hinter dem der Naturvorgang des verschwindenden und im Neumond wiedergeborenen Mondes steht, zu einer gewaltigen Vision, in der er die Himmelsgöttin zur symbolischen Gestalt des idealen Israel, des »himmlischen Zion«, umbildet, das – ein seliger Trost in dem Verzweiflungskampf des jüdischen Volks gegen die römische Weltmacht – den himmlischen Messias bereits geboren hat. Der christliche Apokalyptiker deutet die Gestalt des idealen Israel wiederum zur idealen Christusgemeinde um. Der Teufel aber, der große Drache, die uralte Schlange, ist in einer Person die alte Paradiesesschlange und der Urdrache des babylonischen Schöpfungsmythos, der bei der Schöpfung gebändigt ist, aber am Ende der Tage wieder hervorbricht. Obwohl er noch als Ankläger der Brüder vor Gott erscheinen darf, ist er doch ganz ausgesprochen auch der widergöttliche Ahriman, nach dessen Sturz Gott erst die volle Herrschaft im Himmel hat. Zu dieser Stellung konnte der Satan nur in einer Zeit aufsteigen, in der sich unter dem Joch der römischen Zwingherrschaft alle messianischen Verheißungen und Hoffnungen als eine große Täuschung erwiesen hatten.

Aber mit seinem Sturz ist Satans Macht noch nicht gebrochen. Auf der Erde tobt er in gewaltigem Grimme weiter, und zwar in den Verfolgungen der römischen Weltmacht, wie das in den folgenden Kapiteln geschildert wird, und überdies in dem zweiten furchtbaren Tier, dem Antichristen als Lügenprophet, bis das Gericht über Babylon-Rom, »die Mutter der Buhler und aller Greuel der Welt«, stattgefunden hat, die Messiasschlacht geschlagen, der Drachen, die alte Schlange, auf tausend Jahre gebunden und in der Unterwelt versiegelt ist, um dann im Endgericht in den See voll Feuer und Schwefel geworfen und dort gepeinigt zu werden Tag und Nacht, von Ewigkeit zu Ewigkeit, und mit ihm der Tod und der Hades (das Totenreich), die Feigen und die, die vom Glauben abfallen, die mit Greuel Befleckten und die Mörder und Buhler, Zauberer und Götzendiener und alle Lügner, während sich dagegen der neue Himmel und die neue Erde und das neue Jerusalem mit allen Gläubigen in bräutlich-lichter Schönheit für alle Ewigkeit erhebt.

Auch diese letzten, von der jüdischen Apokalyptik übernommenen Schilderungen, in denen wir den Messias gänzlich vermissen, weisen handgreiflich in die parsistische Vorstellungswelt zurück, die allerdings wiederum durchtränkt ist von der uralten babylonischen Weltzeitalterslehre. Auch Zarathustras Reich der Vollendung geht der große Entscheidungskampf zwischen den Gläubigen und Ungläubigen voraus, das große Gericht und die große Läuterung, nach der die »Lüge« untergeht. Ebenso verkündet die spätere Ausbildung seiner Lehre das Kommen des Heilands, des Saoshyant, durch dessen Kraft die Toten zum Leben erweckt werden.

Parsistische und daneben babylonische Einwirkungen auf die religiöse Vorstellungswelt der Juden haben also ihren Satan erschaffen, dessen Ausbildung im Christentum zu dem uns geläufigen Teufel dann seine eigenen Wege geht.

Bisher hatten wir nur den reinen Mythos kennengelernt. Seine Vergeschichtlichung und bereits beginnende Theologisierung tritt uns nunmehr in den Evangelien und der Epistelliteratur des Neuen Testaments entgegen. Das himmlische, den Messias gebärende Weib ist hier zur Jungfrau Maria geworden; der Drache, der das neugeborene Knäblein verschlingen will, zum Menschenungeheuer des bethlehemitischen Kindermordes Herodes; die Flucht in die Wüste auf dreiundeinhalb Zeiten zur Flucht nach Ägypten, bis Herodes gestorben; Jesu Wirken aber auf Erden und sein Sterben und Auferstehen zum großen Drama der Erlösung der Menschheit aus der Gewalt des Teufels und den Folgen seiner ersten Verführung, dem Tod. <u>Die Frage nach der Geschichtlichkeit der Person Jesu von Nazareth bedarf hier keiner Erörterung, wiewohl uns der geschichtliche Jesus durchaus problematisch erscheint.</u> Nach den ersten drei Evangelien herrscht der Teufel in der Welt als der Urheber alles Bösen und aller Übel. Durch seine Dämonenscharen nimmt er von den Menschen Besitz und plagt sie mit allerlei Krankheit. Überall sucht er durch Ausstreuen bösen Samens und durch Verführung das Wort Gottes aus den Herzen zu reißen. Nach Jesu Taufe und nachdem der heilige Geist über ihn gekommen ist, beginnt der Kampf auf Leben und Tod zwischen dem Messias und dem Teufel. Seiner Natur entsprechend, versucht der Satan zunächst als listiger Verführer ihn von seinem Erlösungswerk abzubringen, indem er sich ihm als Versucher naht und ihm die Herrschaft der Welt anbietet, wenn er vor ihm niederfallen und ihn anbeten würde. Jesus weist ihn jedoch zurück, und der Satan muß von ihm weichen, bis seine Stunde gekommen ist. Nun nimmt Jesus sein Wirken vornehmlich mit der Austreibung der Dämonen auf, die ihn schon von ferne wittern und vor ihm erzittern. Seine Jünger aber vermögen schon mit seinem Namen allein die unsauberen Geister auszutreiben. Jesus frohlockt über ihre Erfolge und sieht in einer Vision den Satan bereits wie einen Blitz vom Himmel stürzen. Und doch, die Stunde kommt, da er über Jesus für einen Augenblick triumphieren kann. Beim letzten Abendmahl vermag er selbst in Judas (Vertreter des jüdischen Volkes) hineinzufahren, und dieser, nunmehr in Satans Hand, verrät den Messias und führt dadurch seinen Kreuzestod herbei, mit dem sich aber Satan selbst betrügt, da in ihm gerade des Messias endgültiger Triumph über den Satan besteht. Des Messias Auferstehung und Himmelfahrt zur Rechten Gottes, von dannen er kommen wird zu richten die Lebendigen und die Toten, schließt das mythische Welterlösungsdrama ab.

Im vierten, dem sogenannten Logosevangelium oder dem »geistlichen« Evangelium, hat der Teufel die Züge des Volksglaubens eingebüßt und einen metaphysischen Zug angenommen. Gott und

Welt, Licht und Finsternis in übertragener Bedeutung, stehen sich hier dualistisch gegenüber. Der Teufel wirkt als böses Prinzip in der Welt, insbesondere aber im gesamten gottfeindlichen Judentum, das zu einer »Synagoge des Satans« geworden ist.

Zahlreich sind die Namen und Bezeichnungen des Teufels im Neuen Testament außer den schon erwähnten. Er heißt auch schlechthin »der Böse«, »der Feind«. Er ist der Urmörder, neben dem Verführer Evas auch der Anreizer Kains zum Brudermord, der Urlügner, der Sünder von Anbeginn und ohne Ende. Als Verführer ist er verwandlungsfähig und vermag selbst die Gestalt eines Lichtengels anzunehmen. Als Fürst dieser Welt ist er nunmehr auch der Herrscher einer in Rangklassen abgestuften Dämonenschar, eines teuflischen Gegenreiches gegenüber dem Reiche Gottes mit seinen Engelscharen. Während aber Gott mit seinen Engeln im reinen Himmel über der Welt thront, haust der Teufel mit seinen Scharen in der dicken atmosphärischen Luft. Er heißt auch Belial oder Beliar und Beelzebub oder Beelzebul. Beelzebub war der Name des großen Philistergottes zu Ekron, an den sich Israel in seiner Not zum Kummer des Propheten Elias wandte. Er führt seinen Namen als »Fliegengott« nach seinem Symbol der Fliege als Krankheiten und Tod bringendem Tier. Der andere Name Beelzebul aber, »Mistgott«, erscheint als Herabwürdigung der Gottheit des einst für Israel so gefährlichen Philistervolkes zu einem Götzen, da im Talmud Götzendienst als »Sebul«, als »Mist«, bezeichnet wird. <u>Nach anderer Auffassung würde Beelzebul bedeuten: Herr der (himmlischen) Wohnung, Himmelsgott (? ?)</u>.. Noch weiter geht die jüdische Herabwürdigung des Philistergottes darin, daß sie ihn schließlich mit dem Teufel gleichsetzt. Ein Verfahren übrigens, das die Kirche später als gelehrige Schülerin von den Juden übernahm, indem sie alle heidnischen Götter nicht etwa zu wesenlosen Phantasiegebilden, sondern zu Dämonen im Dienste des Teufels herabdrückte.

In stiller, listiger Arbeit, auf Schleichwegen, nach dem 1. Petrusbrief aber auch als »brüllender Löwe«, sucht der Teufel nach des Messias Himmelfahrt das von ihm in seinen Jüngern und Gläubigen errichtete Reich Gottes zu verderben. Er streut Unkraut in den Weizen, den Samen des Unglaubens in die Herzen der Gläubigen, die dadurch, daß sie mit Christus gestorben, von den »Elementargeistern« befreit sind, verfinstert den Verstand und verkehrt den Willen. Besonders durch Fleischeslust sucht er die Menschen zu verführen, da der Grundzug dieser Welt die Sinnlichkeit ist. Er wirkt ebensowohl im christusfeindlichen Judentum als im heidnischen Götzendienst und den Irrlehrern. Wer aus der Gemeinschaft der Gläubigen ausgestoßen wird, verfällt dem Teufel.

Woher aber die reiche Dämonenwelt und die nunmehr ausgesprochen widergöttliche Natur des Teufels? Die Bibelauslegung, besser Bibeleinlegung, mußte die theologische Begründung des Volksglaubens liefern. Im sechsten Kapitel des ersten Buches Mosis findet sich ein Trümmerstück altisraelitischer Mythologie, das von Gottessöhnen berichtet, die da sahen, daß die Menschentöchter lieblich anzuschauen waren, so daß sie sich zu Weibern nahmen, die ihnen irgend gefielen. Aus dieser göttlich-menschlichen Verbindung entsproßten dann, genau wie in den Mythologien anderer Völker, die großen Helden der Vorzeit. Diese Gottessöhne erschienen den jüdischen Rabbinen durch ihren Trieb zur Materie, durch ihre Sinnlichkeit, als von Gott abgefallene Engel und zur Strafe dafür von Gott in die Unterwelt verstoßen. Die urchristliche Dämonenlehre, wie sie uns im Jakobus-, Judas- und zweiten Petrusbrief entgegentritt, übernimmt die jüdischen Vorstellungen jener Zeit, wie sie uns im Henochbuch, dem vierten Esrabuch und dem Talmud (Hagada) überliefert sind. Vom Sündenfall des Teufels weist das Neue Testament allerdings noch keine Spur auf. Dagegen wird er, im Gegensatz zur Auffassung der Offenbarung Johannis, bei der Wiederkunft Christi durch den Hauch seines Mundes und die Strahlen seiner Erscheinung für immer hinweggerafft werden.

Auf der einen Seite das vom Messias gegründete Gottesreich der Gläubigen, auf der andern Satans fast unumschränkte Macht: das ist der ungeheuerliche Gegensatz, mit dem das Christentum in die Welt tritt. Alle Hemmnisse, die der Ausbreitung des Messiasreiches entgegentreten, äußerliche Drangsale seitens der politischen Machthaber, insonders seitens Roms, Irrlehre, Fleischeslust, diese drei machen den Inbegriff des satanischen Reiches aus. »Denn«, so heißt es Epheser 6,12, »wir haben nicht mit Fleisch und Blut zu ringen, sondern mit den Mächten, den Gewalten, den Weltherrschern dieser Finsternis, *mit den überirdischen bösen Geistern.*« Der zur Zeit Hadrians (117–138) geschriebene Barnabasbrief aber spricht es klipp und klar aus: *Das Saeculum steht unter der Herrschaft des Schwarzen und seiner Scharen.* In diesem feindlichen Gegensatz der beiden Reiche sucht sich der neue Weltmythos, getragen von der begeisterten Kampfesstimmung der Urchristengemeinde mit ihrem weltabgewandten ethisch-asketischen Ideal, in der Welt durchzusetzen, nachdem die Hoffnungen auf die unmittelbar bevorstehende Wiederkunft des Messias sich nicht erfüllt hatten. »Wer nicht für mich ist, der ist wider mich.« Ausschließlichkeit, Intoleranz war stets die mächtigste Triebkraft aller neuen Bewegungen von welterobernder Kraft. Heute die »eine reaktionäre Masse«, im Urchristentum »das Reich des Teufels«. Dies gilt es im Auge zu behalten, um die Ursprünge des Christentums richtig zu begreifen. Kein sanftmütiger, in schönen Gleichnissen oder scharfgeschliffenen Sittensprüchen Humanität predigender Jesus hob es aus der Bluttaufe, sondern der wider den Teufel zu Felde ziehende himmlische Christus, dessen mythisch-mystisches Blutopfer seiner zu gleichem Märtyrertod entschlossenen Jüngerschar die Krone des Lebens bei ihm im Himmel verhieß. Ave, Christe, morituri te salutant!

Wir sehen also im Neuen Testament den Teufel in parsistischem Sinne riesenhaft emporgewachsen. Hie Ormuzd, hie Ahriman! Hie Christus, hie Satan! Zwar ist des Teufels Reich nur auf Lug und Trug gegründet, denn schon ist er gerichtet und ausgestoßen, wennschon der Kampf bis Christi Wiederkunft dauern soll. Aber die Entwicklungstendenz ging sichtlich dahin, den parsistischen Dualismus auch in das monotheistische Christentum hineinzutragen. Ehe das junge Christentum jedoch zur Bekämpfung dieses Gegensatzes kam, hatte es den gnostischen Dualismus zu überwinden, aus dem es als festgefügte, bischöflich organisierte Kirche hervorging.

III. Der Teufel in der Kirche bis zu Konstantin dem Großen

Der Kampf gegen den Dualismus der Gnosis.

Wollte das junge Christentum mit seinem neuen Mythos über die hohe Geisteskultur der alten Welt siegen, so mußte es ihn zu einer Art Philosophie umgestalten, die mit der griechisch-römischen Philosophie in Wettstreit treten konnte. Es mußte seinen Glaubensinhalt zu einem geschlossenen Gedankengebäude erheben. Die ersten Versuche hierzu bilden die mannigfachen Systeme der christlichen Gnosis des zweiten Jahrhunderts. Diese christliche Gnosis (Okkultes, tieferes Wissen), eine Fortbildung alexandrinisch-jüdisch-platonischer Religionsphilosophie in Verbindung mit phantastischer, orientalischer, theosophischer Spekulation, die sich neben der Frage, ob Christus nur einen Scheinleib oder einen wirklichen Leib gehabt habe, d. h. ob sich das reine Göttliche mit der Materie beflecken durfte, mit den großen Fragen des Verhältnisses Gottes zur Welt, des Geistes zur Materie und der menschlichen Willensfreiheit befaßte, – diese christliche Gnosis nun bedrohte das Christentum mit einem ihm äußerst gefährlichen Dualismus. Sie erblickte in der Schöpfung der materiellen Welt das Werk eines niederen göttlichen Wesens, des »Demiurgen«, den sie als den »gerechten« alttestamentlichen Gott vom »guten« oder höchsten Gott unterschied, wenn sie nicht gar, wie die Extremsten, in der Welt das Werk des Teufels sah. Sie suchte im allgemeinen die uralte Frage nach dem Ursprung des Bösen und dem Übel in der Welt dadurch zu lösen, daß sie den Entwicklungsprozeß von der Materie (der Hyle) als dem Reich der Finsternis über das Psychische (das Reich des Demiurgen) zum rein Geistigen (Pneumatischen), das sich in Christus geoffenbart hat, sich entfalten ließ. Im Heidentum sah sie das Werk der Materie, im Judentum das Werk des Demiurgen, des Gottes des Gesetzes, in Christus und seinem Reich die Vollendung der Weltentwicklung.

Hatte das junge Christentum bei seiner Verselbständigung nach der Zerstörung Jerusalems und seiner Lostrennung vom Judentum, die nunmehr erst zur Todfeindschaft mit den Juden führte, seinen Messiasglauben in den drei ersten Evangelien historisiert, indem es im Gegensatz zu den Juden den Messias als bereits gekommen und, nach dem Vorbilde des leidenden Gottesknechts Jesajas, der sterbenden und auferstehenden Gottheilande der antiken Mysterienreligionen und insbesondere unter astralmythologischen Einfluß, als gekreuzigt darstellte und dadurch, den jüdisch-apokalyptischen Phantasien sich entwindend, festen Boden unter den Füßen bekam, so schuf es sich in den frühesten Stadien des Kampfes mit der Gnosis, auch dieser sich entwindend, zu den bereits vorhandenen Evangelien das vierte Evangelium hinzu. Dieses Evangelium barg in sich so viel Gnosis als das Christentum eben noch vertragen konnte – auch das paulinische Schrifttum hatte ja schon viele gnostische Elemente –, vor allem den platonisch-alexandrinischen Logos Gottes, den die urbildliche, unsichtbare Welt in sich zusammenfassenden ewigen göttlichen Gedanken, als den in die Finsternis zur Erlösung der Menschen »*im Fleisch*« herabgestiegenen Christus. In der weiteren Auseinandersetzung mit der Gnosis, die die Existenz böser, von Gott unabhängiger und nicht von ihm erschaffener Geister lehrte, betonten die ersten großen Kirchenlehrer, insbesondere Tertullian (160–220) und Irenäus (gest. um 202), die Abhängigkeit der Dämonenwelt und des Teufels von Gott. Der Teufel sei gleich den andern Engeln ursprünglich als gut von Gott erschaffen, mit dem freien Willen für das Gute und Böse, genau wie der Mensch. Nach Origenes (185–254) war seine Hauptsünde Hochmut und Anmaßung, die Hybris der Griechen, nach Irenäus, Tertullian und Cyprian (200 bis 258) dagegen, wie schon im Buch der Weisheit Salomos, der Neid auf das Ebenbild Gottes im Menschen. Nach der allegorischen Bibelauslegung wurden nunmehr auch die Stellen Jesaja 14, 12 und Ezechiel Kap. 26, die einen Mythos vom Sturz des Morgensterns (Luzifer) auf die Könige von Babylon und Tyrus anwenden, von Tertullian und Origenes auf den Fall Satans gedeutet. Nach Tatian (zweite Hälfte des 2. Jahrhunderts) war sein Fall die Strafe für die Verführung der Menschen. Nach Cyprian und Irenäus soll dieser Fall jedoch zwischen der Schöpfung des Menschen und seiner Verführung stattgefunden haben. Durch den Sündenfall aber war der Mensch in die Hände des Teufels gelangt. Wiewohl die Verführung des Menschen doch eigentlich ein Eingreifen Satans in Gottes Sphäre war, erkannte Gott den Rechtsanspruch des Teufels auf den Menschen an. Dieses Rechtsanspruches konnte der Teufel nur dadurch wieder verlustig gehen, daß er zu Unrecht einen sündlosen Menschen tötete. Dieser vollständig sündlose Mensch war der Messias (Christus). Sein Blut tilgte den Rechtsanspruch des Teufels, der nun zur Strafe dafür, daß er einen sündlosen Menschen wie einen sündhaften behandeln wollte, gefangen gesetzt wurde. Origenes läßt den Teufel ausdrücklich von Gott getäuscht werden, indem Gott seihst den Teufel in seiner Dummheit benutzte, um durch Tötung Jesu den Tod und damit des Teufels Macht zu vernichten. Spätere Kirchenlehrer, wie Gregor von Nyssa, reden sogar von einem Betrug des Teufels seitens Gottes. Die Menschheit Jesu sei der Köder gewesen, den Gott ausgeworfen habe, um daran den Teufel wie einen Fisch anbeißen zu lassen.

In jedem Falle hatte der Tod Christi eine doppelte Bedeutung erhalten, sowohl als Versöhnungsopfer für Gott wie auch als Lösegeld für den Teufel. Trotz aller theologischen Künste hatte damit der Teufel seine bedeutende Stellung behalten. Er war von Gott in dem Streit um die menschliche Seele als *gleichberechtigter Partner* anerkannt.

Ausbildung der Engel- und Dämonenlehre.

Die dem Christentum vom Judentum und diesem von Babylonien und Persien her überkommene Engel- und Dämonenlehre erlangte in den ersten Jahrhunderten der Kirche ebenfalls eine weitere Ausbildung. Wie schon in der Offenbarung Johannis die einzelnen Gemeinden ihre Schutzengel hatten, gaben die Kirchenväter jedem Volk einen besonderen Engel. Die mythische Vorstellung besonders der Römer von dem Genius oder Schutzengel jedes einzelnen Menschen befruchtete nun ebenfalls die christliche Engellehre, so daß jedem Menschen ein guter und ein böser Engel zur Seite gegeben wird.

Eine wichtige Frage aber bildete nunmehr die körperliche Beschaffenheit der Engel. Da sie zwischen Gott und den Menschen standen, mußte ihr Leib feiner als der menschliche Leib sein, ätherisch, unkörperlich, aber doch nicht ganz aus Licht wie Gottes Leib, sondern gewoben aus Licht und Luft. Die bösen Engel dagegen mußten durch ihren Fall den ätherischen Leib verwirkt haben, durften aber immerhin noch nicht von so grober Substanz wie die Menschen sein. Sie erhielten daher, wie auch der Teufel nach seinem Sturz, einen Leib aus Luft und Feuer. Da sie aber nunmehr »leiblich« geworden waren, bedurften sie auch der Nahrung, die sie aus dem Dampf der Weihrauchopfer einsogen. Ihr Aufenthalt bleibt die atmosphärische Luft. Sie ersehen die Zukunft aus dem Lauf der Gestirne und sind im Besitze geheimer Kenntnisse, die sie gern den Weibern verraten. Schon bei ihrer Vermischung mit den Töchtern der Menschen, also bei ihrem Fall, hatten sie diesen auch die ihnen gemachte Uroffenbarung Gottes in entstellter Form mitgeteilt, die von diesen dann weitergegeben wurde. So sei die griechische Philosophie als Karikatur der göttlichen Offenbarung entstanden, ebenso wie die Tugenden der Heiden nur glänzende Laster seien. Ferner sind sie die Stifter der heidnischen Religionen gewesen, in denen sie sich als Götter verehren lassen. So wird der gesamte heidnische Kultus mit seinem Opfer- und Orakelwesen und seiner Kunst, so wird auch die gewaltige Geistesarbeit der alten Welt, ihre Philosophie, zum Teufelswerk herabgedrückt, durch das die Menschen von Gott hinweggeführt werden. Auch die Magie und Astrologie wird auf sie zurückgeführt. Alles Verderben in der Welt, Mißwachs, Unheil, Krankheit, rührt von den Dämonen her, die damit allerdings immer nur als »Scharfrichter Gottes« mit dessen Zulassung die Menschen heimsuchen dürfen. Vor allem ist der Teufel bemüht, als *»Affe Gottes«* dem göttlichen Reich in allen Stücken ein widergöttliches Reich gegenüberzustellen (Justinus Martyr gest. 165). Tertullian weiß schon, daß der Teufel beim Götzendienst, besonders in den heidnischen Mysterien, die allerdings älter als das Christentum sind, die Sakramente nachahmt, seine Gläubigen tauft und seine Krieger auf der Stirn zeichnet. Cyprian erklärt – eine sehr folgenschwere Ansicht – den Teufel ausdrücklich für den Anstifter der Ketzerei und der Schismen, um dem Reiche Christi Abbruch zu tun.

Ebenso stehen die Ungetauften und Exkommunizierten unter seiner Herrschaft, weshalb seit dem Ende des zweiten Jahrhunderts der Exorzismus bei dem Täufling, die feierliche Teufelaustreibung, von der Kirche eingeführt wird. Jedes Laster erhält seinen Teufel, jeder Lasterhafte ist von dem betreffenden Lasterteufel besessen, unter denen nach Clemens Alexandrinus (gest. um 220) der leckermäulige Bauchteufel, ein naher Verwandter des Bauchrednerteufels, einer der bösartigsten sei. Alle diese Dämonen stehen unter Befehl des obersten Teufels. Selbst der Geschlechtstrieb wird bereits von einigen Kirchenvätern vom Teufel abgeleitet, wogegen Origenes zwar theoretisch protestiert, praktisch jedoch nichts Besseres zu tun weiß, als sich mit Bezug auf Jesu Wort, Matth. 19, 12, seines eigenen Geschlechtsteufels durch einen herzhaften Messerschnitt zu entledigen.

Als Schutzmittel gegen den Angriff der Dämonen wird zwar in erster Linie noch Gottesfurcht und der Glaube an Christus empfohlen. Dazu tritt das Gebet und in ganz magischer Bewertung der Name Christi und das Kreuzeszeichen, wie ja schon bei den ersten Jüngern der bloße Name Christi eine magische Heilkraft an Kranken und Besessenen ausgeübt hatte. Schon in dieser Zeit, in der auch im griechisch-römischen Heidentum der Dämonenglaube überhandnahm, beginnt das Christentum, von Anfang an mit dem Stigma einer christlichen Magie belastet, sich gegenüber dem Teufel und seinen Werken zu einer christlichen Gebets- und Kreuzeszeichenmagie zu veräußerlichen. Immerhin, so groß des Teufels Macht auch ist, er kann doch nur mit Gottes Zulassung zur Sünde reizen, nicht aber zwingen. Gott will in seiner großen Liebe dem Menschen durch den Teufel Anlaß geben, aus freier Wahl die Seligkeit zu erwerben. Ein von einem Christen überwundener unsauberer Geist werde in den Abgrund gestoßen. Je mehr Märtyrer, desto weniger Teufel.

Herrschend wird nunmehr die Ansicht, daß die Strafe der Dämonen und des Teufels erst beim Weltgericht eintritt. Bis dahin lasse Gott ihnen ihre Macht. Origenes wollte sogar noch auf eine Besserung des Teufels hoffen.

So wird das Leben des Christen der ersten Jahrhunderte immer ausgesprochener zu einem Feldzug gegen den Teufel und das Fleisch, durch das der Teufel den Menschen zu verführen und in Wollust zu verstricken sucht. Das mönchisch-asketische Lebensideal keimt auf, die Verachtung und Vergewaltigung der Natur im Menschen, als dem Sitze des Teufels. Die Magie, natürlich die »weiße Magie«, mit Hilfe veräußerlichten Gebets und veräußerlichter Frömmigkeit, umstrickt das Christentum. Auf diesem abschüssigen

Wege entwickelt es sich schnell weiter, nachdem die christliche Kirche unter Kaiser Konstantin 323 zur römischen Reichskirche erhoben war.

IV. Fortschreitende Ausbildung und Dogmatisierung des Teufels im 4. bis 6. Jahrhundert

Machtstreben und Veräußerlichung der Kirche.

Konstantin hatte durch Verlegung seiner Residenz von Rom nach Konstantinopel dem römischen Bischof bei Anerkennung und Erhebung der Kirche zur römischen Reichskirche die wahre konstantinische Schenkung gemacht, indem dieser dadurch freien Spielraum für seine Weltherrschaftsgelüste neben dem Nimbus erhielt, der den Namen Rom umwob. Indem nun aber die Kirche dem äußeren Machtstreben verfiel, veräußerlichte sie auch in zunehmendem Maße ihren religiösen Gehalt. Wie ein Staatswesen gibt sie sich in ihren Dogmen unverbrüchliche Gesetze, knüppelt alle nieder, die anderer Meinung sind, setzt den Kanon der heiligen Schrift Neuen Testaments fest und erhebt neben der Schrift die Tradition als die allein geltende Glaubensrichtschnur. Dazu kommt noch der Einbruch der Barbaren ins Römerreich während der Völkerwanderung, der die alte Zivilisation vernichtet und die letzten Reste der Bildung in die Klöster treibt, wo sie von dem mönchischen Geist erdrosselt werden. Papst Gregor der Große (590-604) verbietet seinen Bischöfen das Studium der klassischen Literatur. Wiederum konnte die Aufnahme ganzer Barbarenvölker ins Christentum nur rein äußerlich vor sich gehen. Das alte Heidentum blieb und erhielt nur einen äußerlichen Aufputz. So fand der Teufelsglauben für seine weitere Entwicklung einen außerordentlich fruchtbaren Boden vor.

Kampf der Kirche gegen den manichäischen Dualismus.

Kaum hatte die Kirche den gnostischen Dualismus überwunden, als ihr der schärfste Dualismus, und zwar diesmal von außen her, im Manichäismus gegenübertrat, um ihr tausend Jahre lang keine

Ruhe zu lassen. Der Manichäismus nämlich, begründet von dem in Babylonien geborenen, vornehmen Perser Mani (geb. 215, gekreuzigt und geschunden um 276) ist ursprünglich keine christliche Sekte gewesen, sondern eine selbständige, im Gegensatz zur alten persischen Mazdaynasareligion gegründete Religion. Ein großartig phantastisches System persischer Gnosis, verschmolzen mit indischer Askese und einigen christlichen Elementen, verkündete es Mani, sich selbst als den letzten und größten Propheten, den von Jesus verheißenen Paraklet bezeichnend, als eine den ganzen Kosmos umspannende Heilslehre mit einem uranfänglichen Gegensatz zwischen dem Urgott des Lichts und dem Urteufel der Finsternis, einem riesenhaften Ungeheuer mit Löwenkopf und Drachenleib, vier Füßen, zwei gewaltigen Flügeln und einem Fischschwanz. Materie und Böses decken sich im Manichäismus vollständig. Der Weltkampf zwischen Licht und Finsternis endet mit der Befreiung aller Lichtelemente aus der Materie, in die sie bei der Entstehung der nicht erschaffenen, sondern durch Vermischung beider Elemente hervorgegangenen Erde eingedrungen sind. Der tiefste Grund für die Ausbreitung der manichäischen »Ketzerei« innerhalb der Kirche lag darin, »daß das Menschlich -allzumenschliche – die Zulassung des Bösen – in dem einen Gott nicht frommte«. Der Manichäismus verbreitete sich schnell ostwärts bis nach Indien und westwärts bis nach Nordafrika. Auch der große Kirchenvater Augustinus gehörte ihm acht Jahre lang an, ehe er sich dem Christentum zuwandte. Da der Manichäismus das Böse naturhaft, als eine selbständige Substanz, im Menschen begründet, die Kirche es aber in der Willensfreiheit gegeben sah, mußte sie ihn aufs schärfste bekämpfen. Augustinus, der Bannerträger der Kirche in diesem Streit, berührt sich jedoch mit dem Manichäismus in seiner Lehre von der Erbsünde, indem er die böse Begier für angeboren und daher als ein naturhaftes Erbübel des Menschen erklärte, und ging darin noch über ihn hinaus, daß er eine die ganze Natur des Menschen durchdringende Verderbtheit als Fluch der Erbsünde lehrte, die ihn aller eigenen Kraft zum Guten und der Freiheit beraubte, ihn allein auf die göttliche Gnade in Christo verweisend, während nach der manichäischen Lehre immerhin noch so viele Lichtelemente im Menschen verblieben waren, daß er sich wieder zur ursprünglichen Reinheit erheben konnte. Den Manichäern verwandt war die Sekte der Priszillianer, die mit ihrem Gründer 385 ihre Ketzerei mit dem Tode büßen mußte. Noch mehr als aus dogmatischen Gründen war der Kirche der Manichäismus wegen seiner überaus strengen sittlichen Forderung verhaßt. Praktisch aber hielt sie selbst den Gegensatz zwischen Geist und Materie offen. In der Polemik gegen den Manichäismus hält sie an der Anschauung vom Teufel als einem von Gott abgefallenen Wesen fest, aber das Böse in der Welt wird nun genauer gefaßt, indem die Scheidung des physischen Übels vom moralischen schärfer durchgeführt wird. Das physische Übel sei ein Strafübel von Gott, nur ein scheinbares, kein wirkliches, wie schon die stoische Philosophie gelehrt hatte. Gott habe den Teufel bei seinem Abfall nur deswegen nicht vernichtet, damit wir mit ihm kämpfen und ihn überwinden zu eigenem Nutz und Frommen. Die Betrugslehre wird von Athanasius (298–373) dahin überwunden, daß durch den Tod Jesu die Schuld des Menschen vor Gott abgetragen und noch mehr als die Schuld gebüßt sei.

Weitere Ausbildung des Teufels. Incubi und Succubi. Der Teufel ist schwarz. Das Teufelsbündnis.

Die Auffassung des Teufels als Affen Gottes sowie die Herabwürdigung der heidnischen Gottheiten zu teuflischen Dämonen hatte die unausbleibliche Folge, daß nunmehr vor allem die niedere Dämonenwelt des heidnischen Volksglaubens in den Teufels- und Dämonenglauben der Kirche Einzug hielt. Die Teufelsvorstellung wirkte wie ein Magnet, der alle verwandten Elemente an sich zog und sich dadurch verungeheuerlichte. War sie bisher parsistisch-babylonisch-jüdisch gewesen, so bekam sie nun auch eine griechisch-römische Schattierung. Wir kennen aus der römischen Mythologie den Glauben an Fruchtbarkeits-, Wald- und Feldgeister, an die Faune, die Satyre und Silvane, die sich nach dem Volksglauben in geiler Bockslüsternheit auch über das menschliche weibliche Geschlecht hermachten. Diese Dämonen gingen nun in dem christlichen Teufelsglauben als Incubi und Succubi auf, d. h. als Buhlteufel in bald männlicher, bald weiblicher Gestalt, je nach Gelegenheit, und leisteten dem bisher vereinsamten alttestamentlichen männlichen Buhlteufel Asmodi aus dem Buche Tobit Gesellschaft, dessen persische Herkunft sich schon in seinem Namen (Asmodi=aeshma deva) verrät. Ebenso geben sie später der Phantasie für die Vorstellung des Teufels in Bocksgestalt und mit Bocksgesicht Nahrung. Schon Augustin weiß von diesen Buhlteufeln zu berichten, deren Hauptaufgabe es wurde, die in asketischer Frömmigkeit und beschaulicher Zurückgezogenheit lebenden Einsiedler, Mönche und Jungfrauen zu verführen.

Nachdem das römische Weltreich und überhaupt die Staatsmacht nach ihrer Verchristlichung nicht mehr als Werkzeug des Teufels aufgefaßt werden konnten, gewann der Teufel durch Verstärkung seiner Verführungskraft das wieder, was er an äußerlicher Macht eingebüßt hatte. Er und seine Dämonen werden nunmehr wie Gott allgegenwärtig und seine Verwandlungsfähigkeit wird dahin gesteigert, daß er selbst Christi Gestalt anzunehmen vermag. Überdies beginnt seine Vermenschlichung. Schon im vierten Jahrhundert wollte ihn der Bischof Marcellus von Apamea in Syrien in schwarzer Gestalt erblickt haben. Bald wird er häufiger als schwarzer Mann, einem Mohren gleich an Farbe, gesehen. Mag hierin auch noch die alte Vorstellung vom Teufel als dem Dämon der Finsternis zum Ausdruck kommen, so spricht sich darin doch wohl die gleiche Rassenabneigung aus, die z. B. den Neger veranlaßt, sich den Teufel weiß und die Madonna und Jesus schwarz vorzustellen. Katholische Missionare wußten sich infolgedessen bei ihrem Missionswerke nicht anders zu helfen, als daß sie auf diese Vorstellung eingingen und dafür natürlich auch den erforderlichen Schriftbeweis fanden. Heißt es doch im Hohenlied Salomonis:

> Schwarz bin ich doch lieblich, ihr Töchter Jerusalems!
> Wie Kedars Gezelte, wie Salomos Zeltdecken!
> Seht mich nicht an, daß ich so schwärzlich bin,
> daß die Sonne mich verbrannt hat.

Ferner tritt im Gegensatz zur unfreiwilligen Besessenheit durch den Teufel und seine Dämonen, wie wir sie aus den Evangelien kennen, das freiwillige *Bündnis mit dem Teufel* auf, auf das sich im späteren Mittelalter alle die Zauberkünste der Hexer und Hexen, der Goldmacher und sonstigen Teufelskünstler gründen. Das erste Beispiel eines solchen Teufelsbündnisses wird uns in der später so vielfach bearbeiteten Legende vom heiligen Theophilos (um 538 unter Justinian I.), einem Vorläufer des Dr. Faust, berichtet, der aber reumütig auf Grund seines inständigen Gebets zur Jungfrau Maria den Vertrag wieder zurückerhielt. Auch mündlich läßt sich solch ein Teufelspakt abschließen. Nur ist der Paktschließende gewöhnlich der Betrogene, da der Teufel, seinem lügenhaften Charakter entsprechend, die ausbedungenen Gaben, Gold und dgl., gewöhnlich in Mist, eine Kröte oder ähnliche schöne Sachen verwandelt. Von dogmatischer Wichtigkeit ist aus dieser Zeit noch der Beschluß einer unter dem Kaiser Justinian (525-56) abgehaltenen Synode zu Konstantinopel, auf der die Unbekehrbarkeit des Teufels dekretiert und die entgegengesetzte Auffassung des Origenes als Ketzerei gebrandmarkt wird. Wenn nun auch der Teufel allgegenwärtig geworden ist, so ist er doch nicht allwissend. An Kenntnissen steht er selbst den Engeln nach und vermag des Menschen Gedanken nur aus äußeren Zeichen zu erschließen. Ebenso kennt er die Zukunft nicht, sondern hegt über sie nur Vermutungen. Zu den besonderen Schutzmitteln gegen ihn treten nun noch das Taufwasser, der heilige Geist und besonders die Reliquien der Heiligen. Gegenüber der beginnenden Teufelsmagie erhebt sich immer ausgebreiteter die christliche Magie im Namen des Dreieinigen Gottes.

V. Völlige Ausbildung des mittelalterlichen Teufels

(7.–13. Jahrhundert)

Mit dem Einströmen der germanischen und slawischen Völkerwelt beginnt der Teufelsglauben ins Riesenhafte zu wachsen und unter Aufnahme mannigfacher Elemente aus dem germanischen und slawischen Volksglauben das ganze Leben zu überschatten. Die Kirche aber leistete diesem Entwicklungsprozeß durch ihre Anpassungs- und Herabwertungstheorie den kräftigsten Vorschub.

Die Anpassungsmethode der Kirche.

Bei dem Übertritt ganzer Völker zum Christentum, der diesem Zeitabschnitt noch mehr wie dem vorigen das Gepräge gibt, machte die Kirche Schnellarbeit. Wenn die Völker das Christentum nur erst äußerlich angenommen hatten, mochte der Sauerteig des Christentums hernach langsam seine wesensumbildende Arbeit verrichten. Papst Gregor der Große schon hatte dem angelsächsischen Missionar Augustin die Weisung gegeben, die heidnischen Tempel nicht zu zerstören, sondern einfach in christliche umzuwandeln, und ebenso die heidnischen Opfermahle zu christlichen Kirchweihen, Märtyrerfesten und dgl. umzustempeln. Ebenso trank man bald hernach in den germanischen Ländern nicht mehr Minne (auf das Gedenken) des Wuotan und der Freya, sondern Christi und der Jungfrau Maria Minne. Donar und Wuotan wurden zum heiligen Florian und Ruprecht. Ebenso aber wie einzelne Gottheiten der christianisierten Völker in den christlichen Heiligenhimmel einkehren durften, bevölkerten nun aber auch andere, und zumal die untergöttlichen heidnischen Dämonenwesen, das christliche Inferno. Das teuflische Heer vergrößerte sich ins Ungemessene und bekam immer mehr Farbe und Gestalt.

Die Herabwertungsmethode der Kirche.

Nach der Herabwertungsmethode der Kirche, die sie, wie wir das bereits gesehen, von den Juden überkommen hatte, wurden die heidnischen Gottheiten jedoch zum überwiegenden Teile, gleich der einst so lichten hellenischen Götterwelt, zu teuflischen Dämonen herabgedrückt, deren Macht noch immer zu fürchten war. Wuotan, der ja auch als Hackelberend der Anführer der Totengeister mit breitkrämpigem Hut und flatterndem Wolkenmantel gewesen war und als solcher an der Spitze des wilden Heeres die Lüfte durchsauste, übergab nunmehr seine göttlichen Abzeichen dem Teufel. Ebenso wurden seine Tiere, die Raben und der Wolf, des Teufels Tiere. Wie Wuotan erscheint er nunmehr häufiger als Reiter auf rabenschwarzem Roß oder gar in Rabengestalt. Die lichte Holda wird zur zahnlosen, struppigen alten Kinderscheuche, die dienstfertigen Elben zu tückischen, dämonischen Wesen. Der Eber aber, das heilige Tier des Gottes Fro (altnordisch Freyr), wird zum Reittier der Hexen, die nunmehr auch im Pandämonium des Teufels erscheinen.

Erlöschen der Wissenschaften.

Schon in der römischen Kaiserzeit hatte sich der Verfall der Wissenschaften in erschreckender Weise geltend gemacht. Die Philosophie war zur Theologie und die Theologie zur Theurgie und Magie, d. h. zur Zauberkunde, herabgesunken. Dazu kam noch das siegreiche Vordringen der Astrologie aus dem Orient. Alle Wirkungen und Vorgänge in der Natur wurden wieder, wie einst in den ältesten Zeiten, auf dämonische Mächte zurückgeführt. Insonders waren Krankheiten das Werk der Dämonen. Selbst Ärzte waren fast durchweg dieser Ansicht. Die spätere neuplatonische Philosophie unterschied in der Magie, die nunmehr die vorherrschende Wissenschaft wurde, die gemeine Magie oder Goetie, die mit Hilfe böser Dämonen operierte, die höhere Magie, die vermittels höherer Geister ausgeübt wurde, und die Pharmazie, die durch Arzneimittel über die Dämonen Macht erlangt. Porphyrius (gest. 304) nennt die höchste Magie, in der Gott selbst wirkt: Theosophie, die vermittels guter Geister ausgeübte: Theurgie, die vermittels böser Geister bewirkte: Goetie. Die Neupythagoräer bannten gleichzeitig mit den Christen böse Geister. Der Neuplatoniker Ammonius Sakkas (um

200) lehrte, daß der wahre Weise durch asketische Enthaltsamkeit Macht über die Dämonen erlange. Der größte Neuplatoniker, Plotin (204-270), in dem sich noch einmal die gesamte philosophische Kraft der antiken Welt konzentrierte, gelangte durch mystische Verzückung zum Anschauen der Gottheit selbst und dadurch zur Herrschaft über die Dämonen. Alle diese Anschauungen, insbesondere die neuplatonische Mystik, gingen in das Christentum über und wirkten sich hier in verchristlichten Formen aus. Wissenschaft ward Wunderglauben, zu Heilmitteln wurden in der mönchischen Medizin Weihwasser, Reliquien, Rosenkränze, Taufwasser, Abendmahl, Paternoster u. dgl. Der einzige Agobard von Lyon (gest. 840), der »hellste Kopf des 9. Jahrhunderts«, verwarf die dämonischen Einflüsse auf die Kranken.

Völliger Verfall der Sittlichkeit.

Den geistigen Verfall dieser Epoche bis zur Wende des 1. Jahrtausends, nach welchem sich wieder der Aufstieg ankündigt, angeregt durch die Blüte der Wissenschaften unter der Maurenherrschaft in Spanien, begleitet ein ebenso starker sittlicher Verfall, der sich besonders in Rom, und zwar unter den Päpsten selbst, geltend macht. Das zehnte Jahrhundert ist das Jahrhundert der päpstlichen Pornokratie (Hurenherrschaft). Johannes XII. (955-963) wurde der Prozeß gemacht, weil er des Teufels Minne getrunken habe, und es wurde zu dieser Zeit Gepflogenheit, den römischen Bischof vor seinem Amtsantritt schwören zu lassen, daß er sich von vier Lastern enthalten habe: der Sodomie, der Päderastie, des geschlechtlichen Verkehrs mit Nonnen und des gewöhnlichen Ehebruchs. Auf einem solchen Sumpfboden geschlechtlicher Ausschweifungen, der Völlerei, blutiger Gewalttaten ohne Ende und ägyptischer geistiger Finsternis mußte der Teufelsglaube herrlich gedeihen.

Die Katharer.

Auch in dieser Periode, in der das christliche Abendland um die Wende des 1. Jahrtausends aus dem Gefühl seines tiefen Verfalls mit solcher Bestimmtheit das Weltende erwartete, daß viele Urkunden jener Zeit mit den Worten eingeleitet werden: »Da nun die Welt untergeht«, erhoben zahlreiche Sekten mit der alten dualistischen manichäischen Ketzerei wieder ihr Haupt. Sie zogen besonders aus der Verderbtheit der Kirche ihre Nahrung und richteten sich mehr noch als gegen das kirchliche Dogma gegen ihre Sittenlosigkeit und Veräußerlichung in reinem, weltlichem Machtstreben. Im Abendland faßte man die Mehrzahl dieser Sekten, die sich reißend vom Orient her über die südslawischen Länder, besonders Bulgarien (daher noch heute das französische Schimpfwort bougre-Bulgare, Ketzer), Dalmatien und Oberitalien, wo Mailand um 1166 mehr Ketzer als Katholiken gezählt haben soll, nach Südfrankreich, Nordspanien und dem übrigen Europa verbreiteten, unter dem gemeinsamen Namen der Katharer (die »Keinen«, woraus unser Wort »Ketzer«) zusammen. Die Kirche verfuhr gegen sie nach der bewährten Herabwertungsmethode, indem sie sie als moralisch verderbt und mit dem Teufel im Bunde erklärte. *Heterodoxie, Ketzerei und Zauberei* wurden nunmehr von der Kirche als *Teufelsdienst* völlig gleichgesetzt, da sie sich selbst als die alleinige Vertreterin des Reiches Gottes ansah. Diese Methode war jedoch äußerst zweischneidig. Sie vergrößerte nur noch die Macht des Teufels und bestärkte den Glauben der Massen an ihn, die ihn schließlich für mächtiger oder ebenso mächtig als Gott selbst halten mußten.

Völlige Ausbildung des mittelalterlichen Teufels.

Der phantastische, in den äußersten Gegensätzen sich auswirkende Zug des Mittelalters tritt auch bei der weiteren Ausbildung des Teufels in Erscheinung. Schon Gregor der Große (gest. 604) treibt den Teufel unter Zuhilfenahme von Reliquien aus einer sektirerischen (arianischen) Kirche in Gestalt eines Schweines aus. Im 8. Jahrhundert steigt der Teufel bereits als Drache in die Wohnungen durch Fenster und Schornsteine, bringt seinen Anhängern Gaben und vergnügt sich geschlechtlich mit ihnen. In den Akten der heiligen Afra wird uns der Teufel als rabenschwarz geschildert, nackt und mit runzliger Haut als wie bedeckt mit Elephantiasis. Bald erscheint er in riesiger Größe, bald als Zwerg. Zu der Abschwörung des Teufels bei der Taufe kommt nun wohl auch noch die dreimalige Aushauchung desselben hinzu oder gar noch drastischer seine Ausspeiung. Im 10. Jahrhundert wittert man bereits hinter allem Ungewöhnlichen den Teufel. Papst Sylvester II. (999–1003), der unter den Mauren in Cordoba und Sevilla Mathematik und Philosophie studiert hatte und einer der größten Gelehrten seiner Zeit war, galt allgemein als Schwarzkünstler, der seine Gelehrsamkeit dem Bündnis mit dem Teufel verdanke.

Auch *Hexen* fliegen jetzt durch die Luft, dringen ungehemmt durch Schloß und Riegel in die Häuser, töten Kinder bei der Geburt und im Mutterleib, fressen ihnen die Leber weg u. dgl. m. Sie regen auch die Luft auf, verursachen Hagel und Unwetter, verderben die Feldfrüchte, nehmen die Milch dem einen Vieh und geben sie dem andern. Der Hexenglaube ist uralt und fast bei allen Völkern anzutreffen. Im Alten Testament begegnet er uns in der Geschichte Sauls, der durch die Hexe von Endor den toten Geist Samuels beschwören läßt. Bei den Griechen finden wir in den homerischen Gesängen die Zauberin Circe, die Odysseus Gefährten in Tiere verzaubert. Der Koran kennt Zauberinnen, die Knoten schürzen und anblasen. Die antiken Vorstellungen von den Strigen, Lamien und Empusen bilden wahrscheinlich die eine Wurzel des mittelalterlichen Hexenglaubens. Alle drei Arten besitzen Verwandlungsfähigkeit, sehnen sich nach Liebesabenteuern und gieren nach dem Blut und den Eingeweiden der Menschen. Insonders saugen die Strigen nach Vampyrart den kleinen Kindern das Blut aus. Mit diesem antiken Hexenglauben, der unter dem Schutz des Teufelsglaubens bereits Einzug in das Christentum gehalten hatte, ging nun nach der Christianisierung der Germanen und Slawen auch deren verwandter Hexenglaube eine innige Verbindung ein. Das Wort Hexe (althochdeutsch hagzissa) bezeichnet ursprünglich einen den Hag (die Bodung, Flur oder Feld) schädigenden weiblichen Dämon. Nach dem heiligen Bonifatius (680–755) bestand das Teufelswerk neben Götzendienst, Giftmischerei, Beschwören und Loswerferbefragen auch im Glauben an Hexen und Werwölfe. In den ersten Jahrhunderten dieser Periode wird man also wohl noch nicht an leibhaftige, menschliche Hexen gedacht haben. Doch schon 829 verlangt eine Pariser Synode gesetzliches Einschreiten gegen Hexerei, die mit

Zauberei gleichgestellt wird. Schließlich verschmolz beides in eins. Und so wurden die ehemals so hochgeehrten weisen Frauen der Germanen, die Priesterinnen und Ärztinnen, die aus allerlei Kräutern und zauberkräftigen Dingen unter Hersagen von Spruch und Lied Getränke bereiteten, die Haß und Liebe einflößten, Krankheit und Genesung herbeiführten, aber auch wunderbare Luftfahrten verursachten, unter Einfluß des Christentums und der Kirche allmählich die armen, todeswürdigen Hexen der Inquisition.

Im 11. Jahrhundert tritt zu dem Glauben an Tierverwandlungen mit Hilfe des Teufels der alte heidnische Werwolfglaube (Werwolf = Mannwolf) stärker in den Vordergrund. Das weibliche Geschlecht verwandelt sich mit Hilfe des Teufels vornehmlich in Katzen, Ratten, Kröten, Mäuse, Heuschrecken; Hexer belieben die Gestalt eines Katers. Eine wichtige theologische Streitfrage war es nun, ob sich auch die Seele in eine Tierseele verwandle. Schließlich wurde die Ansicht herrschend, daß die Tiere wohl die menschliche Seele behielten, sich jedoch ihrer nicht bedienten. Allerdings blieb die Wirklichkeit der Tierverwandlung noch lange umstritten. Viele sahen in ihr, wie auch in dem Hexenritt, nur ein Blendwerk des Teufels. Ein ganz weißer Rabe in jener Zeit war König Koloman von Ungarn (1095–1115), der kurz und bündig erklärte: »Von den Hexen soll niemand reden, da es keine gibt.«

Ferner führte man Ungezieferplagen auf den Teufel und die Teufelskünste der Hexer und Hexen zurück. Als einmal im 10. Jahrhundert Würmer und Engerlinge die Gegend von Lausanne verheerten, wurden sie auf Befehl des Bischofs dreimal von der Kanzel zitiert, bei Kraft und Gehorsamlichkeit der heiligen Kirche den sechsten Tag darauf nachmittags, so es zur Glocke eins schlägt, gen Wiflisburg zu erscheinen, selbst oder durch Fürsprache. Hierauf kniete die Gemeinde nieder und betete drei Paternoster und ebensoviele Avemaria zu Ehren der Dreifaltigkeit, um Gnade und Hilfe wider die abscheulichen Inger zu erflehen. Da die Würmer zur festgesetzten Frist nicht erschienen, wurde ihnen ein Verteidiger ihrer Sache bewilligt. Kläger und Beklagte wurden wie in einem ordentlichen Rechtsverfahren verhört und, da die Engerlinge den Prozeß verloren, wurden sie feierlich im Namen Gottes des Vaters, des Sohnes und des heiligen Geistes verflucht, daß sie sofort von allen Feldern weichen und zugrunde gehen sollten. Trotz der Verfluchung jedoch fühlten sich die Engerlinge in dem fruchtbaren Boden so wohl, daß sie auch noch im folgenden Jahr großen Schaden anrichteten.

Wunderglaube, Heiligendienst, Reliquien, Marienkultus und der Teufel.

Wunder und Zauberei umgaben das ganze menschliche Leben jener Zeit. Alles Gute war göttliche Wundertat, alles Üble teuflische Zauberei, das Gott als Strafe oder als Prüfung zuließ. Gottes Schutz und gnädige Hilfe aber erlangte man durch die Fürbitte der Heiligen. So trieb der Teufelsglauben den Heiligenglauben und dieser wieder den Teufelsglauben in die Halme. Die Heiligen aber traten immer mehr an die Stelle der Engel.

Schon Cyprian hatte der Fürbitte der Heiligen, d. h. der Märtyrer, eine außerordentliche Wirkung bei Gott zuerkannt. Nach Augustin verrichteten auch ihre Reliquien Wunder. Nach Aufkommen des römisch-asketischen Lebensideals zogen auch die frommen Büßer, Einsiedler, Mönche und Nonnen in den Heiligenhimmel ein, die nun mit der Himmelskönigin Maria an der Spitze neben den Engeln den Hofstaat Gottes bildeten. Bald schien der Himmel zu eng für sie geworden zu sein, denn eine Synode zu Frankfurt a. M. vom Jahre 794 beschloß wegen der Massenhaftigkeit der Heiligen keine neuen mehr zu ernennen. Ihrem Überhandnehmen ungeachtet dieses Synodalbeschlusses steuerte endlich Papst Alexander III. (1159 bis 1181) dadurch, daß er das Geschäft der Kanonisation (Heiligsprechung) den Bischöfen aus der Hand nahm und den Päpsten selbst als ergiebige Geldquelle zusprach. Die Ursache des Überwucherns des Heiligenkultus lag darin, daß auch die Christenheit sich nach einem Himmel mit lebendigen Göttern sehnte. Die Engel in ihrer unterschiedslosen Abstraktheit kamen diesem Bedürfnis zu wenig entgegen. Die Heiligen dagegen waren Menschen von Fleisch und Blut gewesen, denen Menschliches durchaus nicht fremd geblieben war. Sie hatten alles Menschliche erlebt, erlitten und überwunden und hatten daher ein Ohr, des reuigen Sünders Klage zu hören, und ein Herz, sich des Bedrängten zu erbarmen. Während die Engel nur auf göttlichen Befehl eingriffen, halfen die Heiligen den Menschen aus menschlicher Anteilnahme. Wie nun aber der Teufel sich durch Aufnahme heidnischer Vorstellungen immer mehr materialisiert hatte, so wurden dementsprechend auch die Heiligen in ihren Erscheinungen immer konkreter und vermenschlicher. Jetzt spielt sich der Kampf um die menschliche Seele vornehmlich zwischen ihnen und dem Teufel ab. Wie letzterer schädliche Naturerscheinungen, Gewitter, Sturm, Hagel, Feuer oder gar Ungeziefer hervorbringt, so schützen umgekehrt die Heiligen den Menschen gegen diese Teufelsplagen. Infolgedessen erhalten nun jedes Land, jede Landschaft, jeder Ort, jeder einzelne Mensch, jeder Beruf, jede Tätigkeit ihren Schutzpatron, und bestimmte Heilige üben ganz bestimmte Funktionen aus. So wird der berühmte Säulenheilige Symon Stylites zum Raupen-, der heilige Theodor zum Heuschrecken-, der heilige Ursmarinus zum Feldmäuse-Abwehrheiligen. Selbst der niederen Kreatur erbarmen sich die Heiligen gegen die Tücken des Teufels. Der heilige Kilian wird zum großen »Viecherpatron«.

Ganz besonders helfen natürlich die Heiligen gegen die moralischen Anfechtungen des Teufels. Infolgedessen ist dieser auch bei Lebzeiten ihr größter Feind, indem er sie mit seinen Dämonen tagaus, tagein belauert, um ihren heiligen Lebenswandel zu vernichten. Besonders versucht er dies durch Verführung zur Sinnlichkeit und Weltlust in Gestalt schöner Mädchen. Aber ein echter Heiliger »forcht sich nit«, sondern besitzt selbst die Kraft, dem Teufel Zeit und Stunde zum Ausfahren aus den von ihnen Besessenen vorzuschreiben. Ebenso wie der Teufel die Nähe der Heiligen, wittern diese des Teufels Nähe. Und wenn sie nach ihrem Erscheinen aus dem Himmel einen himmlischen Duft hinterlassen, den selbst ihre Reliquien ausströmen, so fährt der Teufel mit pestilenzartigem Schwefel- und Höllengestank auf und davon. Sind die Heiligen Idealbilder der Schönheit, so ist der Teufel ein Ausbund von Häßlichkeit.

Infolge des überhandnehmenden Heiligenkults nahm nun auch, namentlich seit Beginn der Kreuzzüge, der Reliquiendienst einen geradezu grotesken Aufschwung. Ganze Schiffsladungen von Reliquien, oft der unglaublichsten Art, wie ein gutes Dutzend Vorhäute Christi, das Loch, in dem das Kreuz des Heilands stand, der Schwanz vom heiligen Palmesel, etwas Milch von unserer lieben Frau, das Fenster, durch das der Erzengel Gabriel bei der Verkündigung Maria seinen Weg nahm, der Kopf des Hahns, der krähte, als Petrus den Herrn verriet, eine Flasche voll ägyptischer Finsternis, der Hauch Christi in einer Schachtel u. dgl. m., wurden ins Abendland eingeführt und bildeten ein gewinnbringendes Handelsobjekt für die Kirche. So war der Daumen des heiligen Markus nicht für 100 000 Dukaten feil. Alles wurde gutgläubig hingenommen, mit Gold aufgewogen und andächtig verehrt. Dazu kamen noch andere schutzverleihende Sachen, wächserne Gotteslämmer, Schweißtüchlein, geweihte Bilder und Konzeptionszettel, die, verschluckt, schwangeren Frauen die Geburt erleichterten, Menschen und Vieh vor Verzauberung beschützten und, eingespundet ins Faß, die Butter beim Buttern und das Bier beim Brauen.

Vor allem aber wurde nun die milde, gütige Himmelskönigin in ihrer holden Fraulichkeit als Antitypus des Teufels die liebreiche Beschützerin der Sünder, und wären es auch die größten Galgenstricke, wenn sie nur in dem Augenblick, wo sie der Teufel bereits am Kragen faßte, ihr Avemaria ausstießen. In vielen Legenden hilft sie noch, wo es wirklich schade um den Satansbraten war, und bisweilen tritt sie sehr resolut in Erscheinung, zieht sich ihren Edeldamenhandschuh aus und ohrfeigt den Teufel damit ab, daß ihm Hören und Sehen vergeht und er mit dem üblichen Geheul und Gestank das Weite sucht. Deshalb ist er auch ganz besonders erbost gegen sie und spricht von ihr höchst despektierlich nur als von der »dicken Frau«.

Seit Ausgang des 11. Jahrhunderts bildet sich aber noch ein harmloserer Zug des Teufels aus. Nachdem er schon in den Heiligen- und besonders den Marienlegenden zumeist als der zuschanden gewordene Teufel hatte abstinken müssen, wird er nun auch noch der geriebene, dummschlaue, letzten Endes stets um seine Beute geprellte »arme« Teufel. In den zu dieser Zeit aufkommenden geistlichen Passionsspielen tritt er daher wohl auch in der Rolle einer lustigen Person auf, die sich im Verlauf der weiteren Entwicklung zum Hanswurst der Fastnachtsspiele des 16. und 17. Jahrhunderts auswächst.

VI. Der »Fürst dieser Welt«.

(13.-17. Jahrhundert.)

Allgemeiner Charakter des 13. und 14. Jahrhunderts.

Der phantastische, bis zur Grimasse verzerrte Charakterzug des Mittelalters mit seinen schneidenden Gegensätzen tritt uns auf seinem Höhepunkt im 13. und 14. Jahrhundert zugleich blendend und aufs tiefste erschütternd vor Augen. Auf der einen Seite Papst und Kaiser, beide in höchstem Glanz, miteinander um die Weltherrschaft ringend und einander verfluchend, als ob weder Gott noch Teufel, weder Himmel noch Hölle vorhanden wären. Auf der andern Seite der heilige Franziskus, der Poverello von Assisi, der Begründer der tiefgehenden Franziskanerbewegung, der dem Ideal evangelischer Armut und Demut bis zum äußersten nachlebt und sich bis zur »Begnadigung« durch die Wundmale Christi verzückt. Hier die völligste Verweltlichung und Veräußerlichung der Kirche, dort der asketische Geißler, der sein Fleisch täglich im Takt durch Hunderte und Tausende von Geißelhieben gegen die Verführungen des Teufels abzutöten und dadurch zugleich die Zeit seiner Verdammnis zum Fegefeuer abzukürzen sucht. Wahnsinnige Tanzepidemien, die Kinder und schwangere Frauen bis zur Raserei ergreifen, und dagegen wiederum die düsteren, grausigen Geißlerfahrten im Gefolge des »schwarzen Todes«, in der Erwartung des Weltendes. Hier eine schwärmerische, sich in das innerste Herz Jesu und der Gottheit selbst versenkende Mystik, die in den steinernen Filigranwerken der erhabenen gotischen Münster die Wunderblume des Kreuzes bis in den Himmel reckt, dort der Abgrund des finstersten Teufels- und Hexenwahns, der die Kirche selbst verteufelt, in den Flammen der Scheiterhaufen nahezu ein halbes Jahrtausend lang das höllische Feuer auf Erden entzündet und den Teufel zum wahren »Fürsten dieser Welt« erhebt.

Nunmehr wird alles vom Teufel hergeleitet. Nicht nur physische und moralische Übel, Krieg, Pestilenz, Hungersnot und Unwetter, auch Liebeszauber, hieb-, stich- und kugelsicherer Schutz im Kriege, geheime Kunst und Wissenschaft. Der Teufel kann Gold machen, er kennt den Stein der Weisen, die »fünfte Essenz« und weiß alle verborgenen Schätze. In dogmatischer Hinsicht bleibt es zwar im allgemeinen bei seiner alten Stellung Gott gegenüber – nur daß Thomas von Aquino, der größte Theologe und Philosoph des Mittelalters, lehrt, daß der Teufel auch *aus eigener Macht* Böses tun könne und mit dieser Neuerung durchdringt –, aber viele halten es nun lieber mit ihm als mit Gott, weil ihnen der Spatz irdischen Glückes in der Tasche lieber ist als die Taube der himmlischen Seligkeit auf dem hohen Dach der Hoffnung. »Gottes und der Pfaffen Feind« oder des »Teufels Freund« nennen sich im 15. und 16. Jahrhundert kalt über Brand und Mord zur Macht schreitende Kondottieri, Faust schließt mit dem Teufel seinen Pakt. Die Frucht des Teufelsglaubens, den die Kirche großgezogen, reift in diesen Jahrhunderten.

Zwei mönchische Schriftsteller des 13. Jahrhunderts geben uns den tiefsten Einblick in den Teufelsglauben jener Zeit, Cäsarius von Heisterbach und der Abt Richalmus.

Cäsarius von Heisterbach.

Der Zisterziensermönch Cäsarius von Heisterbach, der in seinem Dialogus miraculorum (1240–1250) sich in ernster Belehrung über den Teufel ergeht, läßt ihn gewöhnlich unter Windgeheul und Krachen der Bäume aus dem Waldesdickicht hervorbrechen und bald als Pferd, Hund, Katze, Bär, Kröte, Rabe oder Geier, sogar in Ochsengestalt erscheinen. Bald wieder, namentlich wenn es sich um Verführung einer schönen Frau handelt, als fein gekleideten Herrn oder als schönen Soldaten, bald als großen, dunkel gekleideten Mann von häßlichem Aussehen, als vierschrötigen Bauern, mit weiblichem Gesicht, schwarzem Schleier und Mantel, bald wieder als fliegenden Drachen, als Mohren oder in schemenhafter Gestalt. Er ist geradezu allgestaltig geworden, so daß er bei andern Schriftstellern sogar die Gestalt der Himmelskönigin annehmen kann. Die Dämonen hinwiederum sind bei Cäsarius klein wie Mäuse, schwarz wie Mohren, kichernd, wie Kinder beim Spiel in die Hände klatschend, und wie Fische im Netz zappelnd und fortwährend übereinander hüpfend. Der Teufel selbst aber hat einen körperlichen Fehler. Es fehlt ihm die Hinterseite; er ist hinten offen wie ein Backtrog. Auch kann er das Vaterunser und das Glaubensbekenntnis nur fehlerhaft hersagen und hat eine heisere Stimme, weil er immer brennt. Seine Grundnatur ist Hochmut und Überhebung. Hochmut und Überhebung, sowie Gefräßigkeit und Völlerei, geschlechtliche Regungen natürlich nicht zu vergessen, sind seine Haupteingangspforten beim Menschen. Schutzmittel gegen ihn sind Ausspeien, das Kreuzeszeichen, geweihtes Wachs und die übrigen bekannten Dinge.

In geschlechtlicher Beziehung ist er selbstverständlich Incubus und Sucubus, je nach Gelegenheit. Den widernatürlich vergossenen Samen fangen die Teufel auf, um sich aus ihm sichtbare und fühlbare Körper zu bilden. – Cäsarius gibt uns auch eine ausführliche Teufelsbeschwörung vermittels der Nekromantie. Sein Anblick ist jedoch äußerst gefährlich und nur vollkommen Tugendhafte können ihn ohne Schädigung ertragen. Seinen Aufenthalt im Menschen nimmt er, entsprechend seiner Natur, nicht in der Seele, sondern im Mastdarm. Nach dem Tode streiten die Teufel mit den Engeln um die Seele des Menschen. Die verdammten Seelen kommen in ein tiefes Tal voll Schwefeldampf, allwo die Teufel mit ihnen Fangball spielen. Ein Teufel bläst auf der Tuba dazu das Signal.

Richalmus.

Etwas harmloser sind die Teufelsbeschreibungen des Zisterzienserabtes Richalmus († 1220) vom Kloster Schönthal in Franken in seinem »Buch der Enthüllungen über die Nachstellungen und Listen der Teufel gegen die Menschen« (Liber revelationum de insidiis et versutiis daemonorum adversus homines). Der fromme Abt belauscht häufig Teufelsgespräche und entnimmt aus ihnen, daß sie mit Vorliebe nach dem Kommunizieren Brechreiz verursachen, damit die Hostie wieder ausgespien werde. Beim Verdauen verursachen sie ihm häufig Übelkeit, um seine Gesundheit zu schwächen. Ebenso sind seine vielen Blähungen das Werk des Teufels. Ihre Wut richtet sich besonders gegen die Prälaten und Oberen, die sie beim Gottesdienst durch Schlafsucht plagen. Als ihn der Novize, mit dem er in seinen Enthüllungen belehrend plaudert, einmal darauf aufmerksam macht, daß er auf dem Chore Schnarchlaute von sich gegeben habe, erwidert er in höchstem Ernst, das seien die Teufel gewesen, die ihn durch diese Schnarchlaute hätten zum Schlaf verführen wollen. Ebenso plagen sie ihn fortwährend durch Husten, durch den sie mit einander sprechen. Setze er den Hut auf, so juckten sie ihn auf der Kopfhaut, daß er den Hut wieder abnehmen und sich kratzen müsse. Kratze er sich aber, so sprächen sie durch die Kratzlaute mit einander. Knurre es in seinem Bauch, so knurrten die Teufel darinnen. Der Abt hatte eine lang herabhängende Unterlippe. »Zwanzig Jahre lang«, klagt er seinem Novizen, »haben sich die Teufel an die Unterlippe gehängt, bis sie sie mir so lang gezogen haben.« So Flöhe und Läuse den Menschen plagen, so seien das lauter maskierte Teufelchen, weshalb auch das Kreuzeszeichen das beste Mittel gegen Flohbeißen sei. Doch müsse es stetig wiederholt werden, da es nur von kurzer Wirkung sei. Zahllose Teufelchen umgäben den Menschen von allen Seiten wie einen im Wasser Versunkenen das Wasser von allen Seiten umgäbe oder wie die Sonnenstäubchen in der Luft. Allerdings auch ebenso viele gute Geister, die den Menschen zu schützen suchten, soweit das dessen Sündhaftigkeit erlaube. Je heiligmäßiger ein Mensch zu leben trachte, desto mehr verfolgten ihn die Teufel; daher hätten sie es ganz besonders auf die Mönche abgesehen und in jedem Kloster ein teuflisches Gegenkloster errichtet mit Teufelsabt, Teufelsprior, bis herab zum Keller- und Küchenmeister, zur Verführung der Klosterinsassen.

Auch Tote vermag der Teufel auf Zeit zu beleben, indem er in den Toten fährt. Er spricht auch durch die Stimme der Vögel. So wird der Kuckuck zum Teufelsvogel. Lieblicher Gesang ist sehr verdächtig, besonders der Gesang der Nachtigall. Vielleicht ist dieser musikalische Zug des Teufels durch die Kreuzzüge vom Islam her in den christlichen Teufelsglauben eingedrungen, wie auch der Buhlteufelglaube und Werwolfglaube durch die arabisch-persischen Märchenerzählungen von den Dschinn, den Feen und Ghulen stark befruchtet wurde. Auch in den Geschichten aus Tausendundeiner Nacht erscheint der Teufel, neben seiner Vorliebe für üble Gerüche – er entsteigt dort meistens dem Abtritt –, als großer Musikfreund, wobei er einmal, angelockt durch schönen Gesang zum Lautenspiel, in der Gestalt eines Scheichs, d. h. eines würdigen Herrn von mindestens sechzig Jahren, in heller Verzückung einen Solotanz mit dem Daumen im Allerwertesten aufführt.

Der Teufel als Naturriese.

Neben diesem Zug ins Kleine und Kleinliche erhält der Teufel jedoch jetzt auch einen Zug ins Gigantische, Titanenhafte. Was einst den alten Riesen und Göttern an gewaltigen Erscheinungen in der Natur zugeschrieben wurde, das ist nunmehr sein Werk geworden. Die großen erratischen Blöcke in der Mark hat er dort niederfallen lassen. Die Basaltsteine auf der hohen Rhön hat er auf die Berge hinaufgetragen, als unten im Tale eine Kirche gebaut werden sollte. In den verschiedensten Gegenden Deutschlands hat er Teufelsmauern und Teufelswehre errichtet. Er hat seine Teufelskanzeln, Teufelsmoore und Tanzplätze.

Der Satansprozeß.

Hatte sich bereits im 12. Jahrhundert die volkstümliche Poesie der derbkomischen Seite des Teufels bemächtigt und in den Vorspielen zu den Passionsspielen den Teufel seinen Anspruch auf die Seele des Menschen vor Gottes Thron erheben lassen, so griff die Jurisprudenz selbst nunmehr zu diesem Vorwurf, indem sie während mehrerer Jahrhunderte den förmlichen Satansprozeß als Musterbeispiel in den prozessualischen Lehrbüchern einführte und mit allen Kniffen und Künsten juristischer Dialektik behandelte. Natürlich muß der Teufel in diesem Satansprozeß stets den Kürzeren ziehen. In ähnlicher Weise finden wir bereits seit Alexander III. (1159-1181) unter den die Heiligsprechung vorbereitenden Bräuchen einen förmlichen Prozeß zwischen dem Anwärter auf die Heiligsprechung und dem Teufel, in dem dieser durch den dazu bestellten Anwalt, den Advocatus diaboli, vertreten wird.

Abschluß der Lehre vom Teufelsbund.

Die beiden Grundelemente des Teufelsbündnisses, der Huldigungsakt, das Homagium, auf der einen Seite und auf der andern als Entgelt dafür die Leistung des Teufels, treten uns schon in der Geschichte von der Versuchung Christi durch den Teufel entgegen. Durch die vielbearbeitete Legende vom heiligen Theophilos und vor allem durch das ausgebreitete Sektenwesen des Mittelalters mit seinem manichäischen Dualismus trat das Teufelsbündnis nun ganz in den Vordergrund, indem die feierliche Lossagung der Katharer von der römischen Kirche und ihre Organisation in eigenen Bistümern von der Kirche als Gegenkirche des Teufels aufgefaßt wurde. Jetzt tauchte auch in einer Bearbeitung der Theophiloslegende der *Blutpakt* mit dem Teufel auf, durch den die völlige Hingebung des Paktschließenden mit Leib und Seele an den Teufel zum Ausdruck gebracht werden sollte. Zu dem Blutpakt tritt aber jetzt noch als Besiegelung des Bündnisses der Huldigungskuß auf den Hintern des Teufels unter seinen Schwanz hinzu. Diese Ausgeburt obszöner mönchischer Phantasie finden wir zum ersten Male bei Alanus van Ryssel, der diesen Kuß den Katharern zuschreibt, die ihren Namen daher führten, daß sie dem in Gestalt eines Katers bei ihren Zusammenkünften erscheinenden Luzifer diesen Huldigungskuß verabfolgten.

Die Inquisition.

Durch ihren Teufelsglauben hatte die Kirche den Teufel zu einer so furchtbaren Macht heranwachsen lassen, daß sie nunmehr sich veranlaßt sah, gegen ihn einzuschreiten. Das geschah nun aber nicht etwa dadurch, daß sie ihm die Hörner und Krallen beschnitt, indem sie ihn auf ein rein supranaturales Prinzip des Bösen zurückführte, wie Gott es doch auch für das Gute geblieben war, sondern daß sie gegen die Teufelsbündler, die wenigen wirklich vorhandenen und die erdrückende Überzahl der vermeintlichen, zu Felde zog und sie unter Zuhilfenahme der Staatsgewalt mit Feuer und Schwert auszurotten begann. Die Geschichte des Mittelalters schlägt nunmehr ihre düstersten, mit Blut und Tränen geschriebenen Seiten vor unsern Blicken auf.

Die Erklärung der Häresie als Abfall von der Kirche und Teufelsbündnis, also die Ineinssetzung von Ketzerei und Teufelsbündnis, lieferte der Kirche die Handhabe zum Ausrottungskrieg, zum Kreuzzug gegen die Ketzer, als das Feuer der Kreuzzüge gegen die Ungläubigen zu erlöschen begann. Um Stimmung für sich zu machen, verfuhr sie nach dem alten Rezept der moralischen Herabwürdigung des Gegners, das ja einst gegen sie selbst in so vollendetem Maße die Volksstimmung des heidnischen Roms aufgebracht hatte. Unzucht und Blutschande hatte sie nach diesem Rezept schon den früheren Ketzern vorgeworfen; jetzt kam als drittes Verbrechen der *fleischliche Umgang mit dem Teufel* hinzu.

Die alte, ursprünglich von den Landesbischöfen ausgeübte Kirchenzucht hatte als größte Strafe die Exkommunikation, d. h. die Ausstoßung zum Teufel, verhängt. Theodosius der Große, der 382 die Todesstrafe gegen die Manichäer verhängt hatte, hatte noch bei den großen Kirchenvätern Chrysostomos und Augustinus Widerspruch gefunden, während Hieronymus sie auf Grund der alttestamentlichen Schriftstelle 5. Mos. 13, 6 ff. (»Du sollst das Böse aus deiner Mitte hinwegtilgen«) gebilligt hatte. Auch Papst Leo der Große (440-461) war bereits für die Todesstrafe der Ketzer eingetreten. Da sich die Kirche jedoch rein von Blut halten wollte (»Die Kirche dürstet nicht nach Blut«), hatte die im Dienste der Kirche stehende weltliche Obrigkeit die Bluturteile der Kirche zu vollstrecken. Zur Erforschung unkirchlicher Meinungen dienten die schon von Karl dem Großen eingerichteten bischöflichen Sendgerichte, die seit dem 11. Jahrhundert zur besseren Aufrechterhaltung der Kirchenzucht in ein förmliches System gebracht waren. Das Überhandnehmen der Sekten, insonders der Katharer und Waldenser, welch letztere die evangelische Armut, Laienpredigt und Bibellesen eingeführt hatten, veranlaßte jedoch den römischen Stuhl, besondere päpstliche Legaten mit außerordentlicher Vollmacht zur Aufspürung der Ketzerei auszurüsten. Aber weder sie noch die scharfen Verordnungen des Konzils zu Toulouse (1179) und des dritten Laterankonzils (1179) hatten greifbaren Erfolg. Daher organisierte Innozens III. (1198-1216) einen *zwanzigjährigen Kreuzzug* (1209-1229) gegen die Katharer Südfrankreichs, die nach ihrem zentralen Bischofssitz in Albi Albigenser genannt wurden. Trotz furchtbarer Greuel und Massenabschlachtungen hatte auch dieses Mittel keinen durchschlagenden Erfolg. Schon auf dem vierten Laterankonzil (1215) hatte Innozens daher für schärfere Maßnahmen Vorsorge getroffen. In der Dekretale Excommunicamus heißt es: »In Kraft des heiligen Gehorsams wollen, befehlen und verordnen wir, daß die Bischöfe, wenn sie der kanonischen Strafe entgehen wollen, sorgsam in ihren Sprengeln wachen. Wer unter den Bischöfen nachlässig ist in Entfernung des Sauerteigs der ketzerischen Bosheit, soll seines Amtes entsetzt werden.« Die Einsetzung der *bischöflichen* Inquisition fand auf dem Konzil zu Toulouse (1229) statt. Die früheren Bestimmungen wurden beträchtlich erweitert. In allen Pfarreien sollten die Bischöfe einen Priester und einige unbescholtene Laien zur Aufspürung der Ketzer eidlich verpflichten. Jeder Inquisitor sollte auch unbehindert in das Gebiet des anderen übergreifen können. Alle männlichen Personen vom zwölften und alle weiblichen Personen vom vierzehnten Jahr an sollten schwören, die Ketzer der Obrigkeit anzuzeigen. Der Eid war alle zwei Jahre zu erneuern. Wer nicht dreimal im Jahre die Ohrenbeichte ablegte, galt als verdächtig. Besitz der heiligen Schrift, namentlich in der Volkssprache, wurde den Laien verboten und nur der Psalter und ein Breviarium gestattet. 1231 belegte Gregor IX. (1227-1241) alle Ketzer, ihre Beschützer und Hehler mit dem Bann.

Aber auch das genügte den Päpsten noch nicht. Sie glaubten erst durchdringen zu können, wenn sie das Inquisitionsgeschäft zu einem *päpstlichen* Institut machten und die Bischöfe der Inquisition unterstellten. So entstand die *Mönchs-* und insbesondere die *Dominikanerinquisition*. 1235 übertrug Gregor IX. den Dominikanern die Inquisition von Mailand. 1248 übertrug sie ihnen Innozens IV. förmlich durch ein eigenes Breve. Die weltlichen Fürsten, der Kurie gegenüber ohnmächtig, hatten einfach die kirchlichen Maßnahmen durchzuführen, wollten sie nicht der Exkommunikation und ihre Länder dem Interdikt (Sistierung jedweden Gottesdienstes, der Beerdigung usw.) verfallen. Das Amt der Inquisition war kurz und bündig die Ausrottung der Ketzer mit Stumpf und Stil, ingleichen die Ausrottung ihrer Begünstiger und Verteidiger. Das Inquisitorenamt aber wurde mit göttlichem Nimbus umwoben. Sei doch Gott selbst der erste Inquisitor gewesen, als er Adam und Eva aus dem Paradiese trieb, Jesus Christus selbst und auch Petrus, als er über Ananias und Sapphira die Todesstrafe verhängte.

Das Ungeheuerlichste in der Inquisition war das Verfahren gegen die Verdächtigen. Indem die Ketzerei zum »Ausnahmsverbrechen« erklärt wurde, ließ sich auch die Vergewaltigung aller bisherigen Rechtsformen rechtfertigen. Auf Grund der Konzilienbeschlüsse von Beziers und Narbonne (1235) blieben den Angeklagten »zur Vermeidung von Ärgernis« die Belastungszeugen verschwiegen. Selbst mitschuldige Verbrecher wurden als Kläger oder beweiskräftige Zeugen zugelassen. Schon der bloße Verdacht genügte zur Verhaftung. Die *Folter* erzwang das Geständnis. Innozens IV. verordnete auch die Erpressung der Anklage durch die Folter. Wegen Geheimhaltung der Aussagen übernahm die Inquisition kurz darauf die Tortur selbst unter Berufung auf das geltende Priesterrecht, in Glaubenssachen selbst Richter zu sein. Die Inquisitionsgerichte galten für unverletzlich und waren von allen weltlichen Einflüssen unabhängig. Ihre Urteile waren jeglicher staatlichen Nachprüfung entzogen. Der Staat hatte nur den »Scharfrichter des Papstes« zu machen. So »standen die Statthalter Christi jahrhundertelang an der Spitze eines Mord- und Raubsystems, das schlimmer als irgendein Krieg Verwüstung und Elend unter den blühendsten Völkern verbreitet und den christlichen Namen unerhört geschändet hat.« (Paul von Hoensbroech.)

Die Inquisition wurde in Frankreich sofort unter den größten Greueln in Betrieb gesetzt, so daß sich das Volk mehrfach empörte und die »Domini canes«, die »Spürhunde des Herrn«, erschlug. In Deutschland wurde sie sofort nach dem Konzil von Toulouse (1229) konstituiert und der ehemalige Beichtvater der Landgräfin Elisabeth von Thüringen, der Dominikaner (?) Konrad von Marburg, der schon seit längerer Zeit in Deutschland tüchtig Ketzer verbrannt hatte, 1231 als kirchlicher Visitator und Ketzerrichter bestellt. Mit seinen Gehilfen Dorso und Johannes wütete er wie ein blutdürstiger Tiger: »Hundert Unschuldige verbrennen wir, wenn nur ein Schuldiger darunter ist.« Seine Tätigkeit entfaltete er besonders am Rhein und in Mitteldeutschland. Wer von ihm einmal angeklagt war, hatte entweder zu bekennen, er habe den Teufel in Gestalt einer Kröte oder eines blassen Mannes geküßt oder wurde als »hartnäckiger« Ketzer verbrannt. Schon unter ihm sollen einige 30 Frauen im Trierischen verbrannt sein, weil sie nicht bekennen wollten, »die Kröte« gesehen zu haben. Von den Erzbischöfen von Köln und Mainz zur

Mäßigung ermahnt und auf einer Reichsversammlung in Mainz verwarnt, wurde er auf der Rückkehr von einigen Edelleuten in der Nähe von Marburg 1233 wie ein toller Hund erschlagen.

Der Kreuzzug gegen die Stedinger.

Während Gregor IX. in Südfrankreich die letzten Reste der Albigenser durch die Inquisition vernichten ließ, betrieb er durch mehrere Bullen im Norden Deutschlands die Vernichtung der Stedinger mit »Feuer und Eisen«. Die Stedinger, ein friesischer Bauernstamm im Oldenburgischen in der Landschaft Steding, hatten mit dem Erzbischof von Bremen, hauptsächlich wegen des kirchlichen Zehnten, in Streit und schließlich in Fehde gelegen, in der der Erzbischof ihrer nicht Herr geworden war. Da griff er zum furchtbarsten Mittel der Kirche. Er ließ sie auf einer Synode zu Bremen am Sonntag Lätare 1230 für Ketzer erklären, »weil es offenkundig ist, daß die Stedinger die Schlüsselgewalt der Kirche und die Sakramente verachten, daß sie die Lehre unserer heiligen Mutter, der Kirche, für Tand halten, daß sie Geistliche jeder Regel und jeden Ordens anfallen und töten, daß sie Kirchen und Klöster durch Brand und Raub verwüsten, daß sie ohne Scheu sich erlauben, Schwüre zu brechen, daß sie mit des Herrn Leib abscheulicher verfahren als der Mund aussprechen darf, daß sie von bösen Geistern Auskunft begehren, von ihnen wächserne Bilder bereiten, bei wahrsagerischen Frauen sich Rats erholen und andere verabscheuungswürdige Werke der Finsternis verüben«. Mit der Erklärung der Stedinger zu Ketzern war es nun möglich, einen Kreuzzug, d. h. Ausrottungskrieg, mit Hilfe der weltlichen Macht gegen sie zu unternehmen. Gregor IX. selbst schürte durch Schreiben an die Bischöfe von Lübeck, Ratzeburg und Minden das Feuer. Der erste Kreuzzug (1232–1233) gegen sie mißlang jedoch. Die geistlichen und weltlichen Herren wurden geschlagen und die tapferen Bauern bedrohten sogar Oldenburg und Bremen. In dem zweiten Kreuzzug, im Sommer 1233, wurden zwar die Oststedinger bezwungen und die Gefangenen als Ketzer verbrannt. Die Weststedinger brachten den Kreuzfahrern jedoch eine neue Niederlage bei. Noch während dieser Kämpfe erließ Gregor IX. seine dritte Bulle, mit »Feuer und Eisen das faule Fleisch auszuschneiden«. Ein gewaltiges Kreuzheer, dem der Papst die gleichen

Ablässe verliehen hatte wie den Kreuzfahrern ins heilige Land, sammelte sich aus allen Gegenden Nordwest- und Mitteldeutschlands, aus Holland, Flandern und Brabant, ja selbst aus England, im ganzen 40 000 Mann, darunter die Blüte der deutschen Ritterschaft. Am 27. Mai 1234 rückte das Kreuzheer unter Führung des Herzogs Heinrich von Brabant aus Bremen aus, »gefolgt von der Klerisei mit ihren Fahnen und hochragenden Kreuzen«. Beim Dorfe Altenesch wurden die Weststedinger, nur bewaffnet mit Schwert, Knotenspieß und Lederschild, 6000 an der Zahl, von der Übermacht erdrückt und erschlagen, während die Geistlichkeit mit Kreuz und Fahne von einer Anhöhe aus dem grausigen Schauspiel zuschaute und das Lied anstimmte: Mitten im Leben sind wir vom Tod umgeben. »Aldus namen de Stedinge eren ende« im Kampfe für ihre Freiheit und ihre alten Rechte, ohne daß sich katharische oder sonstige Ketzerei mit irgendwelcher Sicherheit bei ihnen hätte feststellen lassen.

Gregors IX. Bulle Vox in Rama.

Gregor IX., der sein blutdürstiges Vorgehen gegen die Ketzer in einem Erlaß vom 1. Februar 1234 an den Erzbischof von Reims mit den Worten rechtfertigte: »Es geziemte sich in unsern Augen für den apostolischen Stuhl nicht, die Hände von Blutvergießen rein zu halten, weil er sonst das Volk Israel nicht gehütet hätte,« ist einer der Hauptförderer des blödesten Teufelsglaubens gewesen. Seine am 13. Juni 1233 über den Teufelskult in Deutschland an die Bischöfe von Mainz und Hildesheim gerichtete Bulle Vox in Rama, wahrscheinlich auf Grund von Angaben Konrads von Marburg verfaßt, gehört neben der Hexenbulle Innozenz' VIII. zu den traurigsten und beschämendsten Äußerungen, die jemals vom »heiligen« Stuhl aus an die Christenheit ergangen sind: »Wenn ein Neuling aufgenommen wird,« so heißt es in ihr, »und zuerst in die Versammlung der Genannten eintritt, so erscheint ihm zuerst ein Frosch, den einige eine Kröte nennen. Diesem geben sie einen schmachwürdigen Kuß auf den Hintern, andere auf das Maul und ziehen dabei die Zunge und den Speichel des Tieres in den Mund. Dasselbe erscheint zuweilen in natürlicher Größe, manchmal auch so groß wie eine Ente oder eine Gans; meistens jedoch nimmt es die Größe eines Backofens an. Wenn der Neuling weiter geht, so begegnet ihm ein Mann von wunderbarer Blässe, mit schwarzen Augen, so abgezehrt und mager, daß alles Fleisch geschwunden und nur noch die Haut um die Knochen zu hängen scheint. Diesen küßt der Neuling und fühlt, daß er kalt wie Eis ist, und nach dem Kusse verschwindet alle Erinnerung an den katholischen Glauben aus seinem Herzen. Hierauf setzt man sich zum Mahle, und wenn man sich nach demselben wieder erhebt, so steigt aus einer Bildsäule, die in solchen Versammlungen zu sein pflegt, ein schwarzer Kater von der Größe eines mittelgroßen Hundes rückwärts mit emporgehobenem Schwanze hervor. Der Neuling küßt ihn auf den Hintern, dann der Meister der Versammlung und nach ihm alle Übrigen der Reihe nach, d. h. nur solche, die würdig und vollkommen sind. Die Unvollkommenen, die sich nicht für würdig halten, erhalten von dem Meister den Friedenskuß. Wenn nun alle ihre Plätze wieder eingenommen haben, sagen sie gewisse Sprüche, neigen ihr Haupt gegen den Kater, und der Meister spricht zuerst für sich, dann zu seinem Nachbar: Wer befiehlt uns dies? Der Nachbar antwortet: Unser höchster Meister; ein andrer fügt hinzu: Wir müssen gehorchen. Dann werden die Lichter ausgelöscht, und man ergibt sich ohne Rücksicht auf die Verwandtschaft der greulichsten Unzucht. Sind mehr Männer als Weiber da, so befriedigen die Männer unter sich die schändliche Begierde; das gleiche tun die Weiber unter sich. Dann werden die Lichter wieder angezündet, und aus der dunkelsten Ecke des Saales tritt ein Mann hervor, oberhalb der Hüfte glänzender und strahlender als die Sonne, unterhalb rauh wie ein Kater; sein Glanz erleuchtet den ganzen Raum. Jetzt reißt der Neuling dem Meister etwas vom Kleide und sagt zu dem Glänzenden: Herr, dies ist mir gegeben, ich gebe es dir wieder; worauf der Glänzende antwortet: Du hast mir gut gedienet, du wirst mir noch mehr und besser dienen, ich vertraue deiner Sorge an, was du mir gegeben hast, und nach diesen Worten ist er verschwunden.« ... Am Schluß der Bulle schreibt der Papst: »Wer sollte nicht in Zorn geraten über solche Bosheit? Wer sollte nicht in Wut entbrennen gegen solche Nichtswürdigen? Wo ist der Eifer des Moses, der an einem Tage 20 000 Götzendiener tötete? ... Sollten sie euern Ermahnungen nicht folgen und sich nicht bekehren, so muß man zu kräftigeren Mitteln greifen und, wo Arzneien nicht helfen, müssen Eisen und Feuer angewandt und das faulende Fleisch muß ausgeschnitten werden ...«

Als Papst des »Eisens und Feuers«, als »Ausschneider des faulenden Fleisches« lebe Gregor IX. unrühmlich fort im Gedächtnis der Menschen!

Luziferaner, Beginen, Begarden.

Auch gegen die Sekte der Luziferaner, die, über die Manichäer noch hinausgehend, Luzifer als den eigentlichen Gott verehrten, der mit seinen Engeln Michael und dessen Engel einst aus dem Himmel stürzen werde, sowie gegen die Beginen und Begarden übte die Inquisition bald eine reiche Tätigkeit aus, während sie in England, Schweden und Norwegen nicht recht aufkommen konnte, um so mehr aber in den Niederlanden zur Zeit der Reformation wütete. Von Spanien und Portugal aus griff sie auch auf die Kolonien über.

Der Templerprozeß

(1308-1313). Eine neue Blutorgie großen Stils feierte die Inquisition im Templerprozeß. Den Anlaß zu ihm gab die Gier Philipps von Frankreich nach dem ungeheuren Besitz des Templerordens, während er selbst sich durch anmaßendes Auftreten mißliebig gemacht hatte. Zur Vernichtung des Ordens mußte wiederum das Teufelsbündnis mit den üblichen sodomitischen und andern geschlechtlichen Ausschweifungen herhalten. Die Anklage lautete auf Verleugnung Gottes und Christi, Beschimpfung des heiligen Kreuzes und der Sakramente, Verehrung des Baphometidols, Unzucht mit dem Teufel und den bekannten Huldigungskuß auf den Hintern des Teufels. Die Geständnisse wurden mit der Folter erzwungen, das Leugnen mißachtet. Nachdem bereits eine beträchtliche Anzahl Tempelherren verbrannt war (1308 nicht weniger als 54), bestieg 1313 der Großmeister des Ordens, Jakob von Molay, selbst den Scheiterhaufen.

Gerichtliche Hexenverfolgung durch die Inquisition.

Neben den Ketzern nahm sich die Kirche nunmehr aber auch die Hexer und Hexen aufs Korn, indem Zauberei ebenso wie Ketzerei mit Teufelsbündnis gleichgesetzt wurde.

Gegen die heidnische Zauberei waren Kirche und Staat schon sehr früh eingeschritten. Schon Konstantin der Große wollte die Anwendung magischer Mittel nur zum Heilen von Krankheiten, gegen Hagelschlag und verderblichen Regen in der Ernte zulassen. Theodosius der Große verhängte die Todesstrafe gegen alle, die böse Zauberkünste trieben. Ebenso die neuen christlich-germanischen Staaten, unter denen sich die longobardische Gesetzgebung dadurch auszeichnet, daß sie die Annahme, Masken, d. i. Hexen, zehrten Menschen bei lebendigem Leibe auf, für grundlos erklärt und eine Magd unter dem Vorwande, sie sei eine Hexe, zu töten verbietet. Bonifatius hielt, wie wir das bereits sahen, den Hexenglauben für Teufelswerk. Auch Karl der Große geht in seinen Kapitularien noch gegen den Hexenglauben vor. Wer andere für Hexen halte und sie verbrenne, solle des Todes sterben. Zauberer sollten belehrt und gebessert und, wenn hartnäckig, eingesperrt, aber nicht am Leben gestraft werden. Der alte Canon episcopi (7. oder 9. Jahrhundert) erklärt den Glauben und die Aussagen gewisser lasterhafter Weiber in nächtlichen Stunden mit der heidnischen Göttin Diana, mit Herodias und in Begleitung vieler anderer Weiber auf gewissen Tieren reitend, viele Länder zu durcheilen, für Täuschungen und Gaukeleien des Teufels und ermahnt die Priester, das Volk über die Nichtigkeit dieser Dinge zu belehren. Allen sei öffentlich zu verkünden, daß derjenige, *der solches für Wirklichkeit halte, den Glauben verloren habe.* Wenn dann auch schon 829 die oben erwähnte Pariser Synode Hexerei und Zauberei für Teufelswerk erklärte und ein gesetzliches Einschreiten gegen Hexerei verlangte, so blieb es doch im allgemeinen bei der alten Praxis und, wenigstens in Deutschland, fehlen die Hexenhinrichtungen bis zum 13. Jahrhundert. Erst der Sachsenspiegel, das einflußreichste deutsche Rechtsbuch des Mittelalters (um 1230) stellt Zauberei neben Vergiftung und Unglauben und bedroht sie mit dem Feuertod, der alten deutschen Strafe für gefährliche Zauberei.

Die Gesetze und Bestrebungen gegen den Hexenglauben mußten jedoch unwirksam bleiben, da die kirchlichen und, unter ihrem allmächtigen Einfluß, die staatlichen Organe den Glauben an die

Wirklichkeit der Hexen und des Teufels mit dem Volksglauben teilten, den sie ja geradezu großgezogen hatten. Indem man den heidnischen Aberglauben zwar bekämpfte, aber den Teufel als Verursacher desselben annahm, beförderte man um so mehr den christlichen Aberglauben und wurde so schließlich zu Scharfrichtern und Mordbrennern dieses Aberglaubens. Diese Wendung tritt deutlich mit Einrichtung der Inquisition in Erscheinung. Die mönchischen Inquisitoren sahen nun nicht mehr in dem Hexenwesen einen heidnischen Aberglauben, sondern Wirklichkeit auf Grund des Teufelsbündnisses. Nunmehr wurde die Hexerei geradezu als die schwerste Form der Ketzerei angesehen und überall da mit Feuer und Schwert verfolgt, wo die Inquisition ihres Amtes waltete. Bis zum Erscheinen des Hexenhammers bildete sie ein geschlossenes theologisches Hexensystem aus, das die Päpste in jeder Weise guthießen und förderten. Der Geist, der das Zölibat und die mönchische Askese erschaffen hatte – seine Wurzeln liegen in der Verführungsgeschichte der Schlange im Paradiese und der das Fleisch zur Erlangung der Seligkeit kreuzigenden Tendenz des Christentums –, dieser Geist, der schon aus Tertullians Munde dem Weibe zugerufen hatte: »Du hast das Menschengeschlecht zugrunde gerichtet«, und der auf Kirchenkonzilien dem Weibe die Seele absprechen wollte, raste sich nunmehr in Blutorgien gegen das Weib als das Gefäß der Sünde aus. Anstelle des bisherigen Volksaberglaubens trat nunmehr der theologische Hexenglaube mit der furchtbaren Autorität der Kirche hinter sich und ihrer mitleidslosen Entschlossenheit, über Millionen von Leichen zu schreiten ad majorem dei gloriam, »zum größeren Ruhme Gottes«. Denn, war sie nicht auch nach göttlichem Recht dazu verpflichtet? Befiehlt nicht Gott im 2. Buch Mosis 22,17: Eine Zauberin sollst du nicht leben lassen? Damit war auch für ihr Vorgehen der Schriftbeweis nachgebracht und der Gott des Alten Testaments ist »ein starker, eifriger Gott«.

»Die Geißel der Hexenverfolgung ist von der Theologie der christlichen Kirche geflochten worden. Niemals würde trotz alles alten Volkswahns und trotz aller in Wirklichkeit vorhandenen und mißdeuteten pathologischen Erscheinungen in den Strafprozessen der weltlichen Gewalten die absurde Vorstellung von der Teufelsbuhlschaft Platz gegriffen haben, wenn nicht die den Geist der Zeit bevormundende Kirche sie wissenschaftlich erwiesen und mit ihrer

Verwertung gegenüber den Opfern der Ketzerinquisition voraufgegangen wäre. Niemals würde auch die Vorstellung vom Hexensabbat und vom Hexenflug im weltlichen Strafrecht ihre verderbliche Rolle haben spielen können, wenn nicht der Ketzerprozeß der Kirche diese Ausgeburt religiösen Wahns durch mehrhundertjährige Praxis den verwirrten Köpfen der von ihr abhängigen Menschen glaubhaft gemacht hätte.« (Hansen).

Erste Hexenbrände.

Südfrankreich, als Sitz der ketzerischen Albigenser, galt sehr bald auch als Hauptsitz der Hexen. Daher setzten auch hier die ersten Hexenbrände größeren Stils ein. So wurde auf einem großen Autodafé zu Toulouse 1275, dem ersten großen Hexenbrand, der wahrscheinlich geistesschwachen 56jährigen Herrin Angela de la Barthe durch die Folter das Geständnis abgepreßt, sie habe allnächtlich mit dem Teufel gebuhlt und ein Ungeheuer mit Wolfskopf und Schlangenschwanz geboren, zu dessen Ernährung sie in jeder Nacht habe kleine Kinder stehlen müssen. In Carcassonne wurden zwischen 1320 bis 1350 mehr als 200 Hexen verbrannt. Seit Beginn des 15. Jahrhunderts begann sich die Hexenverfolgung zu Epidemien auszuwachsen. In Wallis fand seit 1428 eine große Hexenverfolgung statt, bei der in 1½ Jahren 200 Menschen verbrannt wurden. Im Dauphiné wurden bis 1447 57 Männer und 110 Frauen angeklagt und zum größten Teil verbrannt oder ertränkt. In dieser Zeit werden auch die ersten Hexer hingerichtet, so 1440 der Marschall Aegid von Rez. 1430 findet ein großer Hexenprozeß in Savoyen und im Waadtland statt und 1459 in Arras, wo eine große Anzahl Männer und Frauen der neuen Sekte der Vauderie (Waldenserei, Hexensabbat) verbrannt wurde. Die in allen diesen Prozessen durch die Folter erpreßten Geständnisse ergeben bereits das vollständige Hexensystem, wie es später im Hexenhammer auftritt. In der Mitte desselben steht der Hexensabbat.

Der Hexensabbat

Der Hexensabbat ist die große Cour, die der Teufel zu verschiedenen Zeiten, im vollsten Glanz jedoch zur «Walpurgisnacht, über seine getreuen Dienerinnen und Diener abhält. Zunächst salbte die Hexe ihren nackten Leib und ihr Reitobjekt zur Ausfahrt auf die »Bockswiese« oder den Hexentanzplatz mit der Hexensalbe, die aus einer mit geweihten Hostien gefütterten Kröte, den gepulverten Knochen eines Gehenkten, dem Blute oder dem Herzen kleiner Kinder und dem Extrakte gewisser Pflanzen und Kräuter mit einschläfernder oder kantharidenartiger Wirkung, wie Stechapfel, Nachtschatten, Schierling, Sonnenblumen, Mohn u. a. bereitet wurde. Dann trat sie, immer in Evas Kostüm, mit dem Reitobjekt, einem Besen, einem Stock, einer Ofenschaufel, Feuerzange u. dgl. zwischen den Beinen an den Rauchfang, kommandierte: »Oben hinaus und nirgends an!« und im selben Augenblick fuhr sie »wie ein geölter Blitz«, durch die Salbe unsichtbar gemacht, durch den Schornstein auf und davon, nur durch ein Sausen in der Luft verratend, daß wieder einmal was »los« war. Auf der Bockswiese angelangt, fand dann zunächst mit den andern herbeigerittenen Hexen die Begrüßung Sr. Satanität statt und die Aufnahme der Novizen, wobei der gewöhnlich in Bocksgestalt oder nur oben als Mensch, das Haupt mit einer Hörnerkrone geziert, erschienene Höllenfürst Luzifer geruhte, den Schwanz zu heben und allen sein Hinterteil und seine »schämigen Stellen« zum Huldigungskuß hinzuhalten. Hierauf fand das Gelage statt, bei dem Brot und Salz, letzteres weil es die Fäulnis verhindert, fehlten. Die Hauptspeisen bestanden aus Totenaas und besonders aus den Leichen ungetaufter Kinder, alles auf Gold und Silber serviert. Ganz besondere Leckerbissen bildeten Leichenbraten getaufter Kinder. Die Abfälle vom Mahl, insonders die Knochen, dienten zur Bereitung einer Zaubersalbe. Katzen warteten bei dem Mahl auf und Teufel musizierten dazu. Während des Mahles teilte Luzifer Liebesgaben aus, die zumeist aus einer silbernen oder gläsernen Laus bestanden.

Die Teufelsmesse.

Häufig fand an den Hexensabbaten auch eine feierliche Teufelsmesse statt. Der große Ketzerprozeß von Logroño im Königreich Navarra – die Hinrichtung der Verurteilten fand am 7. und 8. November 1610 statt – gibt eine genaue Beschreibung einer solchen nach vorangegangener großer Hexenbeichte und Absolution seitens des Teufels. Diese Messe ist bis ins einzelne eine Nachahmung der katholischen Messe – war doch der Teufel der Affe Gottes –, doch teilt der Teufel gleich den Ketzern das Abendmahl in beiderlei Gestalt aus. Das Brot ähnelt einer Schuhsohle und trägt das Bild des Teufels, der Kelch ist mit einer stinkenden Jauche aus Menstrualblut und männlichem Sperma gefüllt. All das wurde aus den Unglücklichen mit der Folter herausgepreßt!

Nach der Messe ging dann, wie überhaupt an den Hexensabbaten nach dem Mahl, die sexuelle Orgie unter Blutschande, Sodomie und Paarung mit den anwesenden Teufeln vor sich, wobei Luzifer die schönsten und jüngsten Hexen für sich selber mit Beschlag belegte, während er den untersten Teufeln die ältesten Hexen zuwies. Nach fast einstimmigen Aussagen aller Gefolterten bereitete jedoch der Liebesakt mit den Teufeln alles andere als ein Vergnügen. Denn die Zeugungsglieder der Teufel wären mit Fischschuppen besetzt oder aus Horn oder gar zur oberen Hälfte aus Eisen. Besondere Teufel prägten am Hexensabbat den Novizen die Hexenmale ein, kleine, erbsengroße Stellen des Oberkörpers, die unempfindlich und ohne Blut waren, bisweilen an einem roten oder schwarzen Fleck oder auch an einer Vertiefung des Fleisches zu erkennen. Während aber die ganze Orgie des Hexensabbats vor sich ging, mußten sich Buhlteufel-Succubi daheim in das Ehebett, genau den Hexen gleich an Gestalt und Gesicht, legen, damit die Ehemänner nichts von den Extratouren ihrer Frauen wahrnähmen.

Die Hexenbulle.

Von den Alpengegenden verbreiteten sich im Laufe des 15. Jahrhunderts die Massenverfolgungen der Hexen auch nach Deutschland. Noch in seinem »berühmten« Formicarius (Ameisenbuch) hatte der seinerzeit hochgefeierte Dominikanerprediger und Professor der Theologie in Wien, *Johannes Nider*, einen Laien, der nicht recht an Teufel und Hexen glauben will, zu belehren und auch zur Zeit des Basler Konzils die Deutschen für den neuen Hexenglauben zu bearbeiten gesucht. Das Volk ließ sich aber nur widerwillig und unter Zwang diesen mönchischen Wahn, die Ausgeburt einer perversen Mönchssexualität, von der Kirche einimpfen. Auch die Dominikanerinquisitoren, *Heinrich Institoris* für Oberdeutschland und *Jakob Sprenger* für die Rheingegenden, hatten bei ihrem Vorgehen gegen die Hexen noch solchen Widerstand im Volke und zum Teil auch bei der Geistlichkeit gefunden, daß sie sich an den Papst Innozens VIII. um Hilfe wandten. Innozens, der Vater von 16 unehelichen Kindern, half ihnen durch seine Bulle Summis desiderantes, die berüchtigte *Hexenbulle* vom 5. Dezember 1484, aus der Not und erteilte damit dem gesamten Hexensystem, wie es im Laufe des 15. Jahrhunderts ausgebildet war, mitsamt Succubus und Incubus, die päpstliche Sanktion. Die Stelle, in der sich der Papst feierlich mit dem Hexenglauben identifiziert, nachdem ihm seine Vorgänger im blödesten Teufels- und Zauberglauben vorangegangen waren, lautet (nach Hoensbroech):

»Innozens, Bischof, ein Knecht der Knechte Gottes.

Mit glühendem Verlangen, wie es die oberhirtliche Sorge erfordert, wünschen wir, daß der katholische Glaube wachse und die ketzerische Bosheit ausgerottet werde. Deshalb verordnen wir gerne und aufs neue, was diese unsere ersehnten Wünsche zum Ziele bringt. Nicht ohne ungeheuren Schmerz ist jüngst zu unserer Kenntnis gekommen, daß in einigen Teilen Deutschlands, besonders der Mainzer, Kölner, Trierer, Salzburger und Bremer Gegend, sehr viele Personen beiderlei Geschlechts, uneingedenk ihres eigenen Heils und abirrend vom katholischen Glauben, sich mit Teufeln in Manns- und Weibsgestalt geschlechtlich versündigen und mit ihren Bezauberungen, Liedern, Beschwörungen und anderm abscheulichen Aberglauben und zauberischen Ausschreitungen, Lastern und Verbrechen die Niederkünfte der Weiber, die Leibesfrucht der Tiere, die Früchte der Erde, die Weintrauben und die Baumfrüchte, wie auch die Männer, die Frauen, die Haustiere und andere Arten von Tieren, auch die Weinberge, die Obstgärten, die Wiesen, die Weiden, das Getreide und andere Erdfrüchte verderben und umkommen machen; auch peinigen sie die Männer, die Weiber, die Zug-, Last- und Haustiere mit fürchterlichen äußeren und inneren Schmerzen und verhindern die Männer, daß sie zeugen, und die Weiber, daß sie gebären, und die Männer, daß sie den Weibern, und die Weiber, daß sie den Männern die eheliche Pflicht leisten können.«

Was also vor 700 Jahren als Abfall vom Glauben galt und nach dem Heidenapostel Bonifatius als Teufelswerk, der Glauben an wirkliche Hexen, das wurde nunmehr vom Papst zur Kirchenlehre erhoben und die Leugnung zur todeswürdigen Ketzerei gestempelt. Durch diese Bulle erlangten die beiden Inquisitoren ausdrücklich vom Papst die Befugnis, über alle beliebigen Ketzereien, insonders über die Ketzerei der Hexen in den in der Bulle genannten Sprengeln Deutschlands zu inquirieren und bis zur Ausrottung der Hexen vorzugehen.

Der Hexenhammer.

Auf Grund dieser päpstlichen Sanktion verfaßten nunmehr Sprenger und Institoris ihren berüchtigten »*Hexenhammer*« (malleus maleficarum), wie sie es ausdrücklich in der von Sprenger als Vorwort geschriebenen Apologie betonen, unter Zugrundelegung der Schriften ihrer Vorgänger, der Kirchenlehrer und Scholastiker, und nur »neu in Ansehung der Zusammenfassung der Teile und der Verbindung derselben«, um die Gerichte in dem Verfahren zur Überführung der Hexen und Zauberer zu unterweisen. Und in der Tat hatten ja die »Klassiker des Hexenwahns«, der Dominikaner und Großinquisitor von Aragonien, *Nicol. Eymericus*, in seinem Directorium, *Joh. Nider* in seinem Formicarius, dessen fünftes Buch dem Hexenhammer als Anhang beigefügt wurde, und der Dominikaner und Inquisitor für Nordfrankreich, *Joh. Jaquier*, das ganze System, insonders den Hexenflug, schon bis ins einzelne auf Grund der »Geständnisse« ausgebildet. »Aber zu der unerbittlich konsequenten Brutalität dieser Vorgänger, ihrer an Stumpfsinn grenzenden, aber mit theologischer Eitelkeit durchsetzten Dummheit tritt hier noch ein kaltblütiger und geschwätziger Zynismus, ein erbärmlicher Hang zur Menschenquälerei, der beim Lesen immer wieder den Grimm und die äußerste Erbitterung über die Väter dieser eklen Ausgeburt religiösen Wahns hervorruft.« (Hansen.)

Um nach allen Seiten gedeckt zu sein, verschafften sich die beiden Inquisitoren noch ein Patent vom Kaiser Maximilian, datiert vom 6. Nov. 1486, und die Approbation der theologischen Fakultät zu Köln, damals der ersten Deutschlands, vom Mai 1487. Der Hexenhammer brachte aber doch auch einige neue Punkte. Während z.B. Innozens in seiner Hexenbulle die nächtlichen Hexenfahrten nicht erwähnt, erklärte der Hexenhammer sie für wahr und wirklich. Ferner sprach er den Inquisitoren das Recht zu, selbst bußfertige, ihre Ketzerei abschwörende Hexen unter allen Umständen dem Scheiterhaufen zu überliefern, was sonst nach dem kanonischen Recht nur bei verstockten und unbußfertigen Sündern geboten war.

Der Hexenhammer gliedert sich in drei Teile, von denen jeder Teil wiederum in eine Anzahl von Fragen zerfällt. Der erste Teil handelt von den drei Dingen, die bei der Zauberei mitwirken, vom Teufel, dem Schwarzkünstler, und der göttlichen Zulassung. Die dritte Frage stellt als durchaus katholische, schrift- und traditionsgemäße Lehre fest, daß durch Succubi und Incubi Menschen erzeugt werden können. Der Teufel vermag nämlich unter Gottes Zulassung, wie auch Thomas von Aquin lehrt, den Samen einem Manne zu entnehmen und zu übertragen. Die sechste Frage, die von den Hexen handelt, die sich dem Teufel ergeben, enthält die schamloseste Herabwürdigung des Weibes, wie sie je aus geistlichem Munde gekommen: »Was ist denn auch das Weib anderes als eine Vernichtung der Freundschaft, eine unentfliehbare Strafe, ein notwendiges Übel, eine natürliche Versuchung, ein begehrenswertes Unheil, eine häusliche Gefahr, ein reizvoller Schädling, ein Naturübel, mit schöner Farbe bestrichen?«

Der zweite Teil befaßt sich mit den Behexungen, wie sie vor sich gehen und wie man sich vor ihnen schützen kann. Aus ihm erfahren wir u. a. den theologischen Grund, weshalb die Hexen auf Anstiften des Teufels so viele ungetaufte Kinder töten. Der Teufel weiß nämlich, daß die ungetauften Kinder nicht in den Himmel eingelassen werden. Das Reich Gottes aber, nach dessen Anbruch er, der Teufel, mit noch größerer Pein gestraft wird, kann erst kommen, wenn eine ganz bestimmte Zahl Menschen in den Himmel eingelassen ist. Die Erreichung dieser Zahl nun wird durch die Tötung von ungetauften Kindern hinausgeschoben. Deshalb werden sie besonders aufs Korn genommen.

Der dritte Teil befaßt sich mit dem richterlichen Verfahren gegen Hexen und Ketzer, gibt den weltlichen und geistlichen Richtern eine bis ins kleinste gehende Unterweisung und bildet einen schreienden Hohn gegen alles göttliche und menschliche Recht. So werden u.a. als Zeugen zugelassen: Exkommunizierte, Ketzer, Mitschuldige, Diener, Infame, Kinder, Ehegatten; letztere aber nur *gegen* den Gatten, nicht für ihn. Die Zeugen können zur Aussage gezwungen werden. Wer dem Angeklagten die Angeber und Zeugen nennt, verfällt der Exkommunikation. Nur wenn die Zeugen es selbst wünschen, kann der Richter ihre Namen nennen. Auch dem Anwalt dürfen nur die Aussagen, nicht die Namen der Zeugen mitgeteilt werden. Auch soll der Richter ihm vorhalten, sich durch die Verteidigung nicht der Begünstigung der Ketzerei schuldig zu machen und dadurch der Exkommunikation auszusetzen. Wenn Hexen bei der Vernehmung zuerst leugnen, so liege darin ein schwererer Verdacht, als wenn sie gleich alles zugäben. Da die Hexen oft einen Zauber bei sich führten, der sie gegen die Folterung gefühllos mache, so sollten sie entkleidet und untersucht werden. Da sie aber ihre Zaubermittel oft an den geheimsten Stellen unter den Haaren verbärgen, so seien sie am ganzen Körper zu scheren. Da nun das Scheren an den geheimsten Stellen in Deutschland Anstoß erregte, beschränkten sich Institoris und Sprenger in ihrer Praxis auf die Kopfschur, ließen die Angeklagten aber dafür auf nüchternen Magen Weihwasser mit gesegnetem Wachs trinken, wodurch sie den Zauber des Schweigens brachen. Ein besonderes Kennzeichen der Hexen sei, daß sie nicht weinen können. Gestand nun die Angeklagte unter dem Zwange der Folter, so sollte sie an einen andern Ort geführt werden, damit es nicht scheine, als ob sie unter der Folter bekannt habe. Am zweiten und dritten Tage könne die Folterung *fortgesetzt*, aber nicht *erneuert* werden. Erneuert werden dürfe sie nur bei neuen Verdachtsgründen. Eine raffinierte Unterscheidung! Loyolas Geist vor Loyola!

Entwicklung der Hexenverfolgungen nach dem Hexenhammer.

Sprenger und Institoris verbrannten in 5 Jahren 48 Hexen. Ein Kollege von ihnen in Wormserbad (Bormio) in der Diözese Como 85 Opfer allein im Jahre 1485. Trotzdem fanden die Inquisitoren in Deutschland immer noch manche Schwierigkeiten im Volk und selbst im höheren Klerus. Das theologische Gift des Hexenwesens mußte dem deutschen Volke erst von der Kanzel her und den Kindern in der Christenlehre eingeimpft werden, bis es seine Wirkung tat. Das wurde denn auch so gründlich besorgt, daß Deutschland allmählich im Hexenbrennen die Palme verdiente. Auch die Reformation brachte hierin keine Änderung. Luther und die Reformatoren blieben von der katholischen Kirche her in diesem Punkte erblich belastet, wennschon Luther und Melanchthon nichts von den Hexenfahrten wissen wollten. Kalvin erfand sogar noch das Teufelsbündnis der »Pestbereiter« und beseitigte 1545 nach fürchterlichen Folterqualen allein in drei Monaten 34 Pestbereiter durch Schwert, Scheiterhaufen, Galgen und Vierteilung. In Deutschland verschwand die Inquisition mit der Reformation, wodurch die Hexenverfolgung ausschließlich an die weltlichen Gerichte überging. Obwohl nun die Halsgerichtsordnung Karls V. von 1532 nur die schädigende Zauberei mit dem Tode des Verbrennens bestrafte, kehrten sich die weltlichen Richter als gelehrige Schüler des Hexenhammers nicht daran. Weltliche und geistliche Gerichtsbarkeit wetteiferten in der Ausrottung der Hexen mit einander und 1572 bestimmte eine im protestantischen Kursachsen erlassene Kriminalordnung ausdrücklich: »So jemands in Vergessung seines christlichen Glaubens mit dem Teufel ein Verbündnis aufrichtet, umgehet oder zu schaffen hat, daß dieselbe Person, ob sie gleich mit Zauberei niemands Schaden zufüget, mit dem Feuer vom Leben zum Tode gerichtet und gestraft werden soll.«

Zu Beginn des 16. Jahrhunderts schwoll die Zahl der Hexenbrände an, um von 1550 bis 1650 den Höhepunkt zu erreichen und dann langsam wieder abzuflauen. Während in der griechisch-katholischen Christenheit, in der durch die Aufnahme so vieler slawischer Volksstämme doch auch der Zauber- und Hexenglaube lebte, nichts von solchen Hexenbrandorgien bekannt ist, weil hier die Kirche infolge ihrer Unabhängigkeit von Rom gegen den päpstlichen Teufels- und Hexenwahn und das Treiben der Inquisition immunisiert war, begann hingegen das christliche Abendland nunmehr in einem Feuermeer von Scheiterhaufen aufzuflammen. Alle bestialischen Instinkte im Menschen tobten sich entfesselt aus, und zwar vornehmlich gegen das weibliche Geschlecht, das als Gefäß der Sünde der völligen Ausrottung verfallen schien. Ein so ernsthafter Beurteiler wie Roskoff gibt in seiner grundlegenden »Geschichte des Teufels« (1869) die Zahl der Opfer des Hexenwahns während seiner gesamten Dauer auf *9 Millionen* an! Neun Millionen Menschen beiderlei Geschlechts, vom zartesten Kindes- bis hinfälligsten Greisenalter, vor allem aber alte Weiblein, darunter gewiß auch vereinzelt Verbrecher und Giftmischer, zumeist aber Unschuldige, viele pathologisch zu beurteilende, hysterische und sexuell anormale Personen, wie besonders zahlreiche der Hexerei angeklagte und sich selber des fleischlichen Umgangs mit dem Teufel bezichtigende Nonnen, mußten ihr Leben unter den grausigsten Seelen- und Folterqualen dahingeben. Was war das Martyrium des Einen am Kreuz gegen das Martyrium dieser Millionen Seelen, die in seinem Namen und zu Ehren der heiligen Dreifaltigkeit bei lebendigem Leibe, oft erst nach monatelangen Folterqualen, ausgerenkten Gliedmaßen, zerbrochenen Knochen, verbrannt wurden! Was waren die paar sagenhaften christlichen »Pechfackeln« Neros, was die von der Kirche übermäßig aufgebauschten wenigen wirklichen Christenverfolgungen Roms gegen dieses Jahrhunderte währende Morden, als dessen Ursacher die Statthalter Christi und die Hexentheologie der Kirche auf ewig gebrandmarkt dastehen! Christi Sieg über den Teufel war zum Gespött geworden. Der Teufel hatte die Kirche, die gesamte Christenheit mit ihrem geweihten Oberhaupt an der Spitze zur Satanssynagoge verwandelt. Er hatte sich selbst in den Leib Christi verklärt und konnte nunmehr, inmitten der höllischen Flammen der Scheiterhaufen als der wahre Fürst dieser Welt und auch der andern Gott selbst mit grinsendem Hohnlachen zum Huldigungskuß auffordern, denn der Gott, der das alles zuließ, war selbst bis in sein innerstes Mark verteufelt! Und wäre Roskoffs Ziffer auch um das Zehnfache zu hoch gegriffen – niemand wird wohl die genaue Zahl der Opfer feststellen können –, so bliebe dieses herbe Urteil davon unberührt. <u>Genauere Ziffern bieten uns nur die über die Tätigkeit der Inquisition in Spanien 1834 veröffentlichten Berichte. Dort wurden von ihr seit 1481 34 658 Menschen öffentlich oder im geheimen hingerichtet und 228 214 zu den Galeeren oder lebenslänglichem Gefängnis verurteilt – eine Strafe, noch</u>

schlimmer als der Tod. Einer der blutdürstigsten spanischen Inquisitoren, der 1485 ermordete Peter Arbues, wurde bekanntlich 1867 von Pius IX. heilig gesprochen. Eine dürftige Liste von Hexenbränden mag in ihrer dürren Tatsächlichkeit dafür Zeugnis ablegen.

Eine kleine Liste von Opfern des Hexenwahns.

In *Ravensburg* wurden zu Anfang des 16. Jahrhunderts in fünf Jahren 48 Hexen verbrannt.

In *Hamburg* wurde 1521 der Arzt Veythes verbrannt, weil er ein von der Hebamme bereits aufgegebenes Weib glücklich entbunden hatte.

In *Besançon*, das damals noch deutsch war, wurden in demselben Jahre drei Personen als Werwölfe hingerichtet. (NB. Während sich nämlich in Deutschland der Hexenprozeß in die Teufelsbuhlschaft zuspitzt, bildet sich in Frankreich zu derselben Zeit der alte Werwolfglauben dahin aus, daß die Frau vom Teufel dazu bestimmt wird, als Werwölfin der Menschenfresserei und Sodomie mit Wölfen ergeben zu sein, und erfordert ebenfalls Tausende von Opfern. In Deutschland brachte es der Werwolfglaube nur zu gelegentlichen Opfern.)

In *Italien*, wo die Bauern der Lombardei gegen die Inquisition die Waffen ergriffen hatten, wurden zu der gleichen Zeit allein in den Alpentälern über 100 Personen verbrannt. Nachdem Hadrian VI. 1523 eine neue Hexenbulle erlassen, wurden nach Barth. de Spina allein in der Diözese Como jährlich gegen 1000 Hexenprozesse angestrengt und über 100 Personen verbrannt.

In *Calahorra* in Spanien wurden 1507 mehr als 30 Weiber verbrannt.

Im *Trierischen* wurden 1587-1593 von dem Jesuitenschüler Binsfeld in etwa 20 Ortschaften 380 Menschen verbrannt. Nach den Gesta Trevirorum waren in zwei Ortschaften nur zwei Weiber übriggeblieben. Die Güter der Verbrannten wurden konfisziert. Der

Jesuit Elbutz berichtet seinen Ordensobern im Jahre 1607 aus Trier, daß er allein mindestens 200 Hexen zum Tode geleitet habe.

Im *Braunschweigischen* wurden auf der Richtstätte im Löffelnholz in den Jahren 1590 und 1600 an manchen Tagen 10-12 Hexen verbrannt, so daß die Richtstätte mit ihren Pfählen einem Walde glich.

In *Ellingen,* einer Landkomturei des deutschen Ordens in Franken, wurden 1590 in acht Monaten 65 Personen wegen Hexerei hingerichtet.

Besonders grausig wütete der Hexenwahn in *Bayern.*

In der Grafschaft *Werdenfels* wurden 1590 vom 5. Februar bis November 51 Hexen hingerichtet. Ein besonderes Aktenregister trägt die bezeichnende Aufschrift: »Hierin lauter Expensregister, was versoffen und verfressen worden, als Weiber zu Werdenfels im Schlosse in Verhaft gelegen und hernach als Hexen verbrannt worden.« – Im Bistum *Augsburg* wurden vom 1. August 1590 bis 13. Mai 1592 68 Hexen wegen Buhlschaft mit dem Teufel verbrannt. Zu *Nördlingen* wurde 1593-1594 Maria Holl in 56 Torturen gefoltert, ohne zu bekennen. Da sich das Volk empörte und der Ulmer Rat sich für sie als geborene Ulmerin verwendete, mußte sie nach einjähriger grausamster Mißhandlung freigegeben werden. In *Ellwangen* wurden 1612 167 Hexen verbrannt. In *Westerstetten* bei Ellwangen kamen innerhalb drei Jahren 300 Menschen auf den Scheiterhaufen. In *Eichstätt* von 1603 bis 1627 122 Hexen. Am 9. Januar 1666 wird in *München* ein siebzigjähriger Greis mit glühenden Zangen gezwickt und lebendig verbrannt, weil er Ungewitter gemacht und durch die Wolken dabei gefahren sei, auch 40 Jahre lang dem Teufel gedient und das heilige Sakrament verunehrt habe. – Noch am 5. Januar 1715 erläßt der Hofrat zu München eine Verordnung über die Unwirksammachung des maleficium taciturnitatis (die Teufelei der Schweigsamkeit unter der Folter): »Wenn man vermutet, daß dergleichen Bösewichte des maleficium taciturnitatis kundig sind, so pflegen wir sie am Kopf, unter den Achseln und an den Schamteilen zu scheren und ihnen vor der Tortur St. Johannis-Segen, Weihbrunnen, Ignatius-Wasser und Terpentinöl, alles untereinander vermischt, zu trinken zu geben.«

Im Jahre 1609 wurden unter den Basken in *Latura* in *Nordspanien* mehr als 600 Personen verbrannt.

Auch in *Franken* wüteten zur Zeit des Dreißigjährigen Krieges und der Gegenreformation furchtbar die Hexenbrände. Im Bistum *Bamberg* betrug von 1625 bis 1630 die Zahl der in den beiden Landgerichten zu Bamberg und Zeil verbrannten Hexen nach Lambergs aktenmäßiger Darstellung 600, bei einer Einwohnerzahl von etwa 100 000 für das ganze Fürstbistum Bamberg. Die für die Hexenbrände Verantwortlichen waren der Fürstbischof Georg II. Fuchs von Dornheim und sein Weihbischof, der Jesuitenschüler Förner. Unter den Opfern befanden sich der Kanzler, des Kanzlers Sohn, sein Weib, zwei Töchter, viele vornehme Herren und Ratspersonen, die mit dem Bischof an der Tafel gesessen, zwei Bürgermeister, die eine Bürgermeisterin und etliche Mägdlein von 7, 8, 9 und 10 Jahren. Die beiden Bürgermeister bekannten unter der Folter, »daß sie viel schreckliche Wetter und große Wunder gemacht, viel Häuser und Gebäu eingeworfen und viel Bäume in Feld und Wald aus der Erde gerissen, und nicht anders vermeint, sie sollten das Wetter und den Wind so arg machen, daß es den Turm zu Bamberg übern Hauffen werfen soll. Die Becker auf dem Markt haben bekannt, wie sie viel Menschen haben gesterbet, die Wecke mit ihrer teuflischen Salbe geschmieret, daß viele Leute haben müssen verdorren. Die Bürgermeisterin Lambrecht und die dicke Metzgerin haben bekannt, daß sie den Zaubern die Salbe gemacht haben und von einer jeden Hexen wöchentlich zwey Pfennige bekommen, hat ein Jahr 600 Gülden gemacht.« Der Weihbischof Förner aber ließ ein eigenes Hexenhaus, das »Truden-Haus«, für Bamberg erbauen, über dessen Eingang die Bildsäule der Gerechtigkeit angebracht war!

Fast noch schlimmer war das Morden in *Würzburg* unter dem Bischof Phil. Adolf Ehrenberg (1623-1631), der ebenfalls wie sein Bamberger Kollege unter jesuitischem Einfluß stand. Ein Verzeichnis von 29 Bränden von den Jahren 1627, 1628 und Anfang 1629 gibt 157 Personen namentlich an. Der Biograph des Bischofs gibt im ganzen 42 Brände mit 219 Personen an, die jedoch nur die Stadt Würzburg betreffen. Wir finden unter ihnen zahlreiche Kinder von vier bis zwölf Jahren, drei Chorherren, 14 Domvikare, die Bürgermeisterin, zwei Edelknaben, die Kanzlerin, einen Ratsherrn, den Rechtsvogt, den dicksten Bürger Würzburgs, viel fahrendes Volk, ein blind Mägdelein, eine Apothekerin, eine Hebamme, die dicke Edelfrau (auf die dicken Personen hatten es anscheinend die Hexenrichter besonders abgesehen), das Göbel Babelin, die schönste Jungfrau Würzburgs, einen Studenten, so viel Sprachen gekonnt und ein vortrefflicher Musikus instrumentaliter und vocaliter gewesen, einen gar gelehrten Spitalmeister u.a.m.

Der Fürstabt von *Fulda*, Balthasar von Dernbach, ließ an 250 Personen verbrennen.

Im Fürstentum *Neiße,* das zum Bistum Breslau gehörte, wurden von 1640 bis 1651 gegen 1000 Hexen verurteilt. Über 242 Brände liegen die Akten vor. Der schnelleren Exekution wegen wurden die Hexen in eigens dazu errichtete Hexenbrandöfen geschoben. In den Städtchen Freiwaldau und Zuckmantel wurden in etwa 50 Jahren, bis 1651, 160 Hexen verbrannt, darunter Kinder von einem bis sechs Jahren, deren Vater nach den erpreßten Aussagen der Mütter der Teufel gewesen sein sollte.

In Vorpommern (Zeitangabe fehlt) wurde ein zehnjähriges Mädchen verbrannt, weil es, nach eigenem Geständnis unter der Folter, mit dem bösen Geist bereits zwei Kinder erzeugt hatte und mit dem dritten schwanger ging.

Zu *Marienberg* wurden 1662 mehrere Personen auf Grund der Anklage verbrannt, daß sie mittels eines Pulvers Mäuse mit Fischschnauzen hervorgebracht hätten.

Die Juristenfakultät in *Tübingen* verurteilte noch 1713 ein altes Mütterchen wegen Hexerei.

In Würzburg wurde 1749 die Subpriorin des Klosters Unterzell, Maria Renata Saenger, als Hexe verbrannt, weil sie nach eigenem Geständnis vom Teufel besessen war.

Zu *Landshut* in Bayern wurde 1754 ein 13jähriges Mädchen als Hexe enthauptet, 1756 ein 14jähriges, weil es mit dem Teufel Unzucht getrieben.

In *Kempten* in Bayern wurde 1775 als letzte Hexe im Gebiete des Deutschen Reichs eine arme, heimlich zum Protestantismus übergetretene Frau zum Tode durch das Schwert verurteilt.

Im Kanton *Glarus* (Schweiz) wurde 1782 Anna Göldi als die letzte Hexe auf deutschsprachigem Boden enthauptet.

In *Mexiko* wurde noch 1874 – das letzte Autodafé – eine Hexe mit ihrem Sohn verbrannt.

Ursachen der langen Dauer des Hexenwahns.

Fragen wir uns erschüttert, wie es nur möglich war, daß sich dieser Hexenwahn in so entsetzlichem Maße auswachsen konnte, und zwar in einer Zeit, als der Menschengeist wieder zu erwachen und zu sich selbst zu kommen begann, als der Humanismus die mittelalterliche Scholastik gestürzt hatte und das Studium der Antike die geistige Befreiung vorbereiten half, als Kopernikus, Kepler und Galilei bereits das alte Weltbild vernichtet hatten, so tritt uns als erster und hauptsächlichster Grund die Autorität der Kirche entgegen. Die Schlüssel zum Himmelreich, die die Kirche hütete, hatten die üble Eigenschaft, das Tor zur Vernunft verriegelt zu halten. Zäh hielt die Kirche an ihrer alten Weltanschauung fest, auf der ihre Machtstellung beruhte. Kein Titelchen durfte daran gerührt werden. Die Furcht der Gläubigen vor dem Teufel, den sie großgezogen, und der Kampf gegen den Teufel hatte sie zu schwindelerregender Macht erhoben und ihr märchenhafte Schätze in den Schoß gelegt. »Wir wissen alle, was uns das Märlein von Christus, genützet hat«, hatte ja der leichtlebige Renaissancepapst Leo X. frohgemut einbekannt. Das Märlein vom Teufel war aber noch viel nutzbringender gewesen. Wer daher die Existenz des Teufels und seines ganzen Getriebes antastete, der tastete damit auch die Fundamente ihrer Macht und ihres Reichtums an und verfiel dem höllischen Feuer schon auf Erden. So wäre es beinahe einem Juristen Poncinibius ergangen, der gegen die Abhandlung des berühmten Dominikaners Bartholomaeus de Spina »Über die Hexen« (1522) Bedenken über die Wirklichkeit der Hexereien und Teufeleien geäußert hatte. In drei »Apologien« trat Spina »für den bedrohten Kirchenglauben« ein und nannte ihn einen irrsinnigen Juristen: »Wahrlich, es wäre gut, wenn die Inquisitoren diesen Menschen, der eine Ansicht verwirft, die ihre Stärke schöpft aus den heiligen Kundgebungen der Päpste, als Begünstiger der Ketzerei verurteilten und, wenn er hartnäckig bleibt, ihn dem weltlichen Arm überlieferten. Wenn jener Elende Macht hätte, dann müßten der Papst und die Bischöfe abschwören.« Der Domherr Cornelius Loos von Gouda in Holland, der 1591 eine Schrift »Über die wahre und falsche Magie« herausgab, in der er gegen die Hexenverfolgung Stellung nimmt, wurde in Trier, wo er sich aufhielt, eingekerkert und zum wiederholten schmählichen Widerruf gezwungen. So konnte das Denken, von der Faust der Kirche niedergeknebelt, sich nicht frei entfalten, und die theologistische Weltanschauung hielt sich auch dann noch in den Köpfen aufrecht, als ihre Fundamente bereits völlig untergraben waren. Dazu kam eine unerschöpfliche Teufels- und Hexenliteratur volkstümlichen Charakters, die den Wahnglauben immer von neuem aufpeitschte. Insonders nahm der Jesuitenorden, alsbald nach seiner Gründung, den Hexenglauben liebevoll in seinen Schutz und förderte ihn nach Kräften. So der Jesuit Delrio, dessen Disquisitiones magicae ein würdiges Seitenstück zum Hexenhammer bildeten. Bei den Protestanten wiederum war es ihre völlige Abhängigkeit von den katholischen Schriftstellern in diesem Punkte und die bornierte protestantische nachreformatorische Theologie, die, an dem Bibelbuchstaben klebenbleibend, aus dem blödesten Teufelsglauben nicht herauskam. Gott und der Teufel, der Teufel und Gott, das waren auch für sie die beiden Mächte, um die sich die Seele des Menschen drehte. Ebenso stützte sich die Rechtsprechung, konservativ wie die Theologie, sowohl bei Katholiken wie auch bei Protestanten, ganz auf die klassische Hexenliteratur. Ferner beherrschten Astrologie, Alchemie, Chiromantie und alle die andern geheimen Künste und Wissenschaften mit wenigen Ausnahmen auch noch bis tief ins 17. Jahrhundert die Köpfe wie im dunkelsten Mittelalter. Alles Geschehen in der Natur trug noch magischen Charakter. Alchemisten suchten entweder mit Gottes oder des Teufels Hilfe den Stein der Weisen und führten wohl, wie Thurneisser, stets ein Teufelchen in einer Flasche bei sich. Noch im 17. Jahrhundert lehrten Mediziner, daß Krankheiten von den bösen Planetengeistern erzeugt würden. Jedem Planetengeist entsprach eine Krankheit. Ebenso standen Wärme und Kälte unter der Beeinflussung entsprechender Geister. Zauberei und Teufelsbeschwörung stand überall in schönster Blüte. Die protestantische Literatur auf diesem Gebiete übertrumpft im 17. Jahrhundert wenn möglich noch die katholische. So fand die Autorität der Kirche im Aberglauben der Menge und der Gebildeten, den sie selbst hatte großziehen helfen, noch eine feste Stütze.

Lag so die Welt noch in den Banden des finstersten Mittelalters, so kam dazu der furchtbare Terror der *Folter* und das ungeheuerliche, die Angeklagten den Henkern völlig schutzlos ausliefernde *Gerichtsverfahren*, um durch die erpreßten Geständnisse immer neue Prozesse herbeizuführen und den Wahnglauben immer von neuem zu schüren. »Freiwilliges« Geständnis hieß alles, was die Hexen nach Anwendung der »leichten Tortur« und unter den größten seelischen Qualen, Hunger und viehischer Behandlung im Kerker gestanden. Zahllose Hexen gaben alles zu, was man von ihnen zu erfahren wünschte, um nur den höheren Foltergraden zu entgehen, und zeigten, wen immer, als Mitschuldige an, gegen die dann auch wieder das peinliche Verfahren eröffnet wurde. Aus der Hydra eines Hexenprozesses erwuchsen dutzende. Nach der Aussage des Jesuiten v. Spee prahlte einmal ein Inquisitor damit, daß selbst der Papst, so er unter seine Hände geriete, sich als Zauberer bekennen würde. Da nun eine bloße Denunziation ohne Beweisführung des Denunzianten, dessen Namen der Denunzierte nicht einmal erfuhr, ausreichte, um einen Prozeß anzustrengen, so waren der Rachsucht und allen niederen menschlichen Trieben die Zügel losgelassen. Männer lieferten ihre Frauen, derer sie überdrüssig geworden waren, dem Gericht aus, Konkurrenten den Konkurrenten, Schuldner den Gläubiger, Diener den Herrn, niemand war seines Lebens mehr sicher. Zu alledem kam noch, daß die Hexenprozesse eine vorzügliche Geldquelle für die Inquisitoren und die Henker waren. Beiden mußte es daran gelegen sein, immer neue Scheiterhaufen anzuzünden. So nannte schon der oben erwähnte Kanonikus Loos die Hexenprozesse eine neu erfundene Alchemie, aus Menschenblut Gold und Silber zu machen. Je mehr Prozesse, desto üppiger das Leben der Inquisitoren und Henker. So hören wir aus den alten Berichten, daß die Henker und ihre Weiber in Karossen und seidenen Kleidern prunkten. Häufig wurde auch das Urteil in eine Geldstrafe umgewandelt und viele hatten eine jährliche Steuer zu entrichten, um nicht der Inquisition zu verfallen. Die Priester lasen Messen zur Heilung angehexter Krankheiten oder zur Abwehr solcher, natürlich für Geld, oder zogen ihren Gewinn aus feierlicher Teufelsaustreibung. Und schließlich zogen noch die Mönche im Lande umher, »Hexenrauch« sackweise als Schutzmittel gegen Behexung und das Aschenpulver verbrannter Hexen als wundertätiges Heilmittel verkaufend.

Luthers und der Reformatoren Teufelsglaube.

Luthers Erhebung gegen den Papst gab zunächst dazu Anlaß, daß sich nunmehr beide feindlichen Lager gegenseitig des Teufelsdienstes bezichtigten und sich Teufelsbündnis vorwarfen. Luther sah bekanntlich im Papst den teuflischen Antichrist und im ganzen römischen Ritual eine Satansschlinge, sekundiert von der protestantischen Pamphletliteratur, die den Papst darstellte, wie er vom Teufel von hinten mit einem Blasebalg aufgetrieben wurde. Die Katholiken dagegen ließen Luther beim Tode vom Teufel geholt werden oder erklärten ihn gar, wie 1565 ein Bischof von der Kanzel, als Sohn eines Teufels, der sich in der Maske eines vornehmen jungen Patriziers in das Haus eines Wittenberger Bürgers geschlichen und dessen Frau verführt habe. Auf diesen groben Klotz setzte wiederum der lutherische Pfarrer Hommelmanns im Theatrum diabolorum (Teufelstheater) einen noch gröberen Keil, indem er erklärte, da der Teufel nur mit gestohlenem Samen zu zeugen vermöchte, so könne er diesen nur aus Italien bezogen haben, »dieweil dort so viel tausend Pfaffen und Mönchen onanistische Schelmen seyen gewesen.« Andere wiederum sahen in den Streitigkeiten der beiden Parteien nur Kriegslisten des Teufels, um die Kirche zu verderben. Indem aber Luther die Religion wieder verinnerlichte und in das Gewissen verlegte, vertiefte und verinnerlichte er auch wieder das Wesen des Teufels. Alle Zauber- und Schutzmittel, den ganzen Apparat der katholischen Kirche gegen ihn verwerfend, tritt er, nur mit der Bibel in der Hand und mit seinem vor Gott rechtfertigenden Glauben mit Verachtung dem »abgefallenen Buben« gegenüber, in dem sich nun wieder, wie kaum zuvor im Christentum, das widergöttliche Böse konzentriert. Außerhalb des wahren Christentums ist der Teufel der Herr der Welt. Selbst die reine Lehre des Christentums hat er durch all die Mißbräuche der Kirche verdorben, so daß der Papst der Antichrist geworden ist. Er verdirbt die Menschen innerlich durch List und Verführung, äußerlich durch Unglück, Krankheiten und Tod, schließt aber auch Pakte mit ihnen ab. So ungeheuer aber auch die Macht des »Fürsten dieser Welt« ist, über den starken Christenglauben vermag er doch nichts: »Das macht, er ist gericht't, ein Wörtlein kann ihn fällen.« Durch Luthers Auffassung verlor der Teufel aber auch seine volkstümliche Seite des betrogenen Teufels. Er lebte jetzt nur noch in seiner finstern Seite weiter und holte jeden, der ihm durch Vertrag verfallen war. Luther behielt auch den Exorzismus bei der Taufe bei, während die Reformierten ihn fallen ließen. In der Folge zeigt sich der Wettstreit der Protestanten und Katholiken im Teufelsglauben darin, daß die letzteren ihn durch Exorzismus, die ersteren durch Gebet austrieben und jede Partei sich selbst die größeren Erfolge zusprach.

Ein Sammelwerk evangelischer Theologen, betitelt Theatrum diabolorum (Teufelstheater), Frankfurt a.M. 1569, zeigt uns den Teufelsglauben der Anhänger und ersten Nachfolger Luthers. In ihm wird uns eine beträchtliche Anzahl von Teufeln vorgeführt, doch sind es nicht mehr die alten wohlbekannten Teufelsfratzen, sondern nur noch personifizierte Abstraktionen, wie der Eheteufel, der Gesinde-, Jagd-, Hurenteufel, der zerluderte, pluderichte Hosenteufel und ähnliche. Immerhin weiß uns noch Martinus Borrhaeus im ersten Traktat die Zahl der Teufel entsprechend der der Engel, ganz genau berechnet, auf 2 665 866 746 644 anzugeben.

Indessen verknöchert sich der Geist der Reformation bald wieder während der dogmatischen Streitigkeiten der verschiedenen Richtungen untereinander zur evangelischen Orthodoxie, die, anknüpfend an das Wort des späteren Luther »rund und rein alles und ganz gegläubet oder nichts gegläubet«, zum blödesten Buchstabenglauben, bis zur Lehre von der göttlichen Inspiration selbst der Vokale der heiligen Schrift, als der »Seele der Wörter«, herabsank und dadurch auch dem Teufelsglauben einen neuen Auftrieb, weit über die Theologie hinaus, gab. Ein protestantischer Gelehrter, namens Sperling, führte nunmehr die Incubi und Succubi sogar in die Physik ein. Wie man sich gegen die vielseitige Wirksamkeit der höllischen Mächte durch äußerliche Mittel erwehren könne, zeigte noch die 1687 erschienene »Heylsame Dreckapotheke« des Dr. Joh. Christianus Franciscus Paullinus, und wie man den Teufel beschwören und durch dessen Hilfe alles erlangen könne, der »Höllenzwang« des Dr. Faustus. Man schützte sich im Dreißigjährigen Kriege, genau wie zwei und drei Jahrhunderte zuvor, durch weiße oder schwarze Magie. Mehr denn je verfestete man sich durch Teufelskunst gegen Schuß und Hieb und ließ sich dafür Gott zum Trotz vom »schwarzen Kaspar« holen. Kein Wunder, daß unter solchen

Verhältnissen der Hexenwahn in den protestantischen Ländern ebenso reiche Bluternte hielt als in den katholischen. So konnte sich der berühmteste Jurist seiner Zeit, der »König der Kriminalisten«, Benedict Carpzov (1595–1666), rühmen, in Kursachsen nicht weniger als 20 000 Bluturteile, zumeist gegen Hexen, gefällt zu haben; darunter Todesurteile auf Grund solcher durch die Folter erpreßten Geständnisse, wie dieses, daß Weiber mit dem Teufel Eidechsen erzeugt und alle sechs Wochen mit einer Elbenbrut von ihm niedergekommen wären.

Die verbrecherischen Satansmessen des 17. Jahrhunderts.

Zu allen Greueln des Teufels- und Hexenwahns kam gegen Ende des 17. Jahrhunderts noch in Frankreich eine Abart der Satansmessen in Gestalt einer Giftmordepidemie mit abergläubischen Kindermorden auf. Diese verbrecherischen Satansmessen, auch eine Frucht des Teufelsglaubens, griffen besonders in Paris unter dem Sonnenkönig Ludwig XIV. in ungeheuerlicher Weise um sich. Um den Teufel zur Angabe verborgener Schätze zu bewegen, nahm man schwangere Frauen und ließ sie in einem von schwarzen Kerzen umgebenen Kreis niederkommen. Nach der Geburt weihte man das Kind dem Teufel, das ein entmenschter, verkommener Priester, wie deren damals zu Paris Dutzende, für Geld zu jedem Verbrechen feil, herumliefen, durch einen Schnitt in den Hals tötete. Nachdem er das Blut in einem Kelch aufgefangen, vermischte er es mit dem Blut von Fledermäusen – auch ein Teufelstier – und Mehl, knetete aus diesem Brei auf dem nackten Leib einer Frauensperson, die den Altar darstellte und in jeder Hand eine brennende Kerze hielt, die Teufelshostie und weihte sie im Verlaufe der ganz nach kirchlichem Ritus und im vollen Priesterornat verlesenen Teufelsmesse. Der Verbrauch an Kindern zu diesen Messen war so groß, daß es 1676 fast zu einem Volksaufstand gekommen wäre, weil es ruchbar geworden war, daß Hexen Kinder raubten, um sie abzuschlachten. Die »größte Giftmischerin aller Zeiten«, die Frau eines Juweliers, genannt Mme. la Voisin, kaufte, um ihren Bedarf an Kindern zu diesen bei ihr praktizierten Messen zu befriedigen, die unehelichen und ausgesetzten Kinder auf. Die ganze vornehme Gesellschaft, bis zum Hof hinauf, ging zu ihr, um sich bei ihr für teures Geld Satansmessen lesen oder von ihr Zauber-, d. h. Gifttränke, einhändigen zu lassen. Auch die Herzogin von Montespan, die Geliebte des Königs, ging jedesmal zu ihr, wenn ihr eine Nebenbuhlerin gefährlich zu werden schien, und ließ sich auf ihrem nackten Leib, von einem Priester, zumeist dem alten schielenden Abbé Guibourg, dem ehemaligen Almosenier des Grafen von Montgomery und Sakristan von Saint Marcell in St. Denis, unter Schlachtung eines Kindes die schwarze Messe lesen und Liebespülverchen für den König geben. 1680 wurde Mme. la Voisin hingerichtet, nachdem sie gestanden, etwa 2500 meist zu früh geborene oder abgetriebene Kinder für die bei ihr abgehaltenen Satansmessen verbraucht zu haben. Sie war aber nur die hervorragendste unter vielen, die das gleiche Gewerbe trieben. Die Herzogin von Montespan starb 1707 im Kloster als fromme Betschwester, mit Gott und der Kirche im Frieden.

Dies jedoch war die letzte und wahnwitzigste Orgie des Teufelsglaubens. Denn zu derselben Zeit fielen überall in den vorgeschrittenen Kulturländern die Schläge, die ihn bis in die Wurzel erschütterten, um ihn im Laufe des 18. Jahrhunderts zur Strecke zu bringen und die Menschheit von dem größten Alb, der sie zu erwürgen gedroht, zu befreien.

VII. Der Kampf gegen den Hexen- und Teufelswahn.

Der Kampf gegen den Hexenwahn.

Gegen den Teufel anzukämpfen, war bis zum Anfang des 18. Jahrhunderts ein lebensgefährliches Unternehmen, fast noch lebensgefährlicher als der Kampf gegen den Glauben an Gott. Daher richten sich die ersten Vorstöße gegen den Hexenwahn auch weniger gegen den Hexen- und Teufelsglauben an sich als gegen die Unmenschlichkeit der Hexenverfolgung und des Prozeßverfahrens. Den ersten konzentrischen Vorstoß unternahm der holländische Leibarzt des Herzogs von Cleve, Joh. Weyer (Wierus), der vielleicht Gelegenheit gehabt hatte, in Afrika die Zauberer der Eingeborenen zu beobachten. In seinen sechs Büchern »Über die Zauberei« (1563; deutsch 1567) wendet er sich besonders scharf gegen den Hexenhammer, verweist die entmenschten Richter auf das Jüngste Gericht – »die zertretene Wahrheit wird auferstehen, euch ins Antlitz springen und Rache schreien für eure Mordtaten« – und erklärt, daß er ans Werk gehen müsse, weil niemand sonst sich der bedrängten Menschheit annehme. Der Teufel ist für ihn nur noch als Gegengott, aber als abstraktes Wesen, vorhanden. Er bestreitet die Hexerei vermittels eines Teufelsbündnisses und unterscheidet den betrügerischen Zauberer von der Hexe, die aus Geistesschwäche oder krankhafter Phantasie vom Teufel getäuscht werde, und vom professionellen Giftmischer. Unter Berufung auf den alten Canon episcopi, auf Augustin und die Bibel empfiehlt er, die schwachen, alten und törichten Weibspersonen in der Religion zu unterweisen und auf diese Weise zu bessern. Trotzdem seine Schrift eine Anzahl Auflagen erlebte, hatte sie doch noch keinen Erfolg. Gelehrte aller Fakultäten griffen ihn an und Katholiken wie Protestanten gingen über sie zur Tagesordnung über. Der Jesuit *Adam Tanner*, einer der wenigen weißen Raben seines Ordens, der den Richtern nur größere Vorsicht anempfohlen und sich gegen die Wirklichkeit der Hexenfahrten erklärt hatte, erhielt bei seinem Tode (1632) kein christliches Begräbnis, weil man bei ihm einen Glasteufel mit Haaren und Krallen – ein Insekt unter einem Mikroskop, wahrscheinlich einen Floh – gefunden hatte. 1631 schrieb der Jesuit *Friedrich v. Spee*, der als Seelsorger in Franken in wenigen Jahren über 200 Hexen zum Scheiterhaufen hatte begleiten müssen, anonym seine Cautio criminalis gegen den Hexenprozeß, nicht etwa gegen den Hexenwahn. Ohne am Bestehen der Hexerei zu zweifeln, wendet er sich ebensowohl gegen die Gehässigkeit des Volks, die Unwissenheit und Geldgier der Richter, das leichtfertige Verhalten der Fürsten, den beschränkten Fanatismus der Geistlichkeit, die Unsicherheit der Indizien, die Trüglichkeit der abgefolterten Geständnisse und der Zeugenaussagen, die Unmenschlichkeit der Tortur, sowie überhaupt gegen das ganze Verfahren: »Behandelt die Kirchenobern, behandelt die Richter, behandelt mich ebenso wie jene Unglücklichen, werft uns auf dieselben Foltern und ihr werdet uns alle als Zauberer erfinden«. Vom späteren Kurfürsten von Mainz, dem Grafen Phil von Schönborn, einmal befragt, woher er bei seinen jungen Jahren, kaum 30 Jahre alt, schon graue Haare habe, erwiderte er, es sei aus Gram über die vielen Hexen, die er zum Tode vorbereitet und unschuldig befunden habe. Die Schrift, dessen Verfasser später dem Kurfürsten bekannt geworden, hatte wenigstens die Wirkung, daß in dessen Sprengel die Hexenbrände fast völlig erloschen.

Die Bestrebungen dieser Männer in Deutschland wurden etwas später in Frankreich durch *Gabriel Naudé* (Apologie pour tous les grands hommes, qui ont été accusé« de magie, Paris 1669), in England durch den Arzt *Webster* (display of supposed witchcraft 1673), und in Holland durch den Arzt *van Dale* (de oraculis Ethnicorum 1685) aufgenommen. Alle diese Vorläufer aber überbot der reformierte Prediger *Balthasar Bekker* durch sein gründliches Werk »Die bezauberte Welt« (zuerst holländisch 1691–1693). Er geht zum ersten Male bei der Bekämpfung des Hexenglaubens gegen den Teufel vor, in dem er richtig den »Kopf des Wurms« erkannte. Da er sich jedoch als gläubiger Theologe an die Autorität der Bibel gebunden fühlte und als Waffe der Bibelauslegung sich bediente, bei der er seine aufgeklärten Anschauungen in die Bibel hineintrug, wurde seine Beweisführung theologisch anfechtbar. Neben die Bibel tritt bei ihm allerdings auch schon als gleichwertig die Vernunft. Die Macht des Teufels hat sich bei ihm fast völlig verflüchtigt. Er schließt seine von eindringlichem Ernst getragene Schrift mit den bezeichnenden Schriftworten: »Der ungeistlichen und altvettelischen Fabeln entschlage dich, übe dich selbst aber in der Gottseligkeit.« Wegen Ketzerei seines Amtes entsetzt, starb er 1698, nachdem seine Schrift in tausenden von Exemplaren verbreitet war und eine Flut der wüstesten Gegenschriften verursacht hatte.

Die Früchte der Vorarbeiten dieser Männer, vornehmlich Bekkers, sollte dann endlich der berühmte hallische Rechtsgelehrte und Philosoph *Chr. Thomasius* ernten. Noch 1694 ein Anhänger des Hexenprozesses, hatte er, durch das Studium der Schriften der obengenannten Männer aufgeklärt, bereits 1701 in seiner Dissertation »de crimine magiae« (Über das Verbrechen der Zauberei) den Kampf gegen den Hexenglauben aufgenommen, um dann in seinen »Kurzen Lehrsätzen von dem Laster der Zauberei mit dem Hexenprozeß« 1704 den Hauptstoß zu führen. Auch er ging, mehr aus Taktik als wie aus innerer Überzeugung, noch nicht gegen den Teufelsglauben vor, sondern beschränkte sich auf die Vernichtung des Hexenprozesses und erreichte dadurch vor allem die Abschaffung der Folter, deren man sich nunmehr als »unchristlich« zu schämen begann. Er läßt ausdrücklich den Teufel gelten, aber einen ohne Hörner, Klauen und Krallen, nur noch als das personifizierte Prinzip des Bösen. Durch natürliche Mittel könne man auch erreichen, was man der Hilfe des Teufels zuschreibe. »Mit einem Wort, ich halte dafür, daß die Hexenprozesse gar nichts taugen und daß der nb. gehörnte leibliche Teufel mit seiner Pechkelle und seiner Mutter dazu ein purum inventum (eine Erfindung) der päpstlichen Pfaffen sei, deren ihr größtes Arcanum (Zaubermittel) ist, die Leute mit nb. solchen Teufeln fürchten zu machen und Geld zu Seelenmessen, reiche Erbschaften und Stiftungen zu Klöstern und anderen piis causis (frommen Zwecken) herauszulocken.« Indem Thomasius sowohl die Theologen als auch die Juristen mit seinem Spott geißelte, machte er sich beide zu erbitterten Feinden. Er blieb jedoch unbehelligt in seinem Amt und wirkte, nach Schlözers Urteil, mehr auf Mit- und Nachwelt als alle Philosophen Griechenlands zusammengenommen. Seinem Wirken vornehmlich ist es zuzuschreiben, daß die Hohenzollern in ihren Landen zuerst in Deutschland dem Hexenprozeß ein Ende bereiteten. Schon 1701 hatte Friedrich I. einen märkischen Gerichtsherrn wegen einer Hexenhinrichtung zur Verantwortung gezogen. 1706 schränkte er die Hinrichtungen in Pommern ein. Sein Nachfolger Friedrich Wilhelm I. befahl alle auf Tortur oder Tod lautenden Urteile ihm zur Bestätigung zu unterbreiten und verbot 1721 gänzlich den Hexenprozeß. Friedrich der Große endlich erklärte, in seinen Staaten sollten die alten Mütterchen ruhig sterben können. Preußens Beispiel folgten im Laufe des Jahrhunderts die andern deutschen Staaten, zuletzt Bayern. In Österreich begann der Abbau des Hexenprozesses mit der Landesordnung Maria Theresias durch das Verbot der Hexenprobe und Beschränkung der Anwendung der Tortur. Das Strafgesetzbuch Josef II kennt den Hexenprozeß nicht mehr.

Der Kampf gegen den Teufelsglauben.

Wenn schon Bekker im Teufelsglauben die Wurzel des Hexenglaubens erkennt, aber gegen ihn die völlig unzulängliche Bibelexegese angewendet hatte, so wandte sich Thomasius, wie wir das bereits sahen, gegen die sinnlich-konkrete Teufelsvorstellung des Volksglaubens und der Kirche, beließ dem Teufel aber ein supranaturalistisches Dasein, um nicht als »Atheist« sein Werk zu gefährden. Denn, wie er sich ausdrückt: »Heute heißt es: Wer den gehörneten und gemalten Teufel leugnet, der leugnet Gott.« Er nahm Bekker gegen den Vorwurf des Atheismus in Schutz. Viel eher könne man ihn einen Adämonisten als einen Atheisten nennen. Die Ansicht von der Unpersönlichkeit des Teufels griff nun in der protestantischen Welt immer weiter um sich. Sie teilte sich geradezu in zwei Lager, deren theologische Wortführer einander von der Kanzel als »Dämoniaker« und »Adämonisten« bekämpften. Seit 1759 richtete auch der berühmte Aufklärungstheologe *Semler* seine scharfgeschliffene Feder gegen den alten persönlichen Teufel. Der Teufel ist ihm zwar auch noch »eine individuelle Substanz oder ein für sich bestehendes Ding, das Vernunft hat und mit großer Macht begabt ist«, aber er ist körperlos (also das bekannte gasförmige Wirbeltier). Die heilige Schrift behaupte nur den moralischen Einfluß des Teufels auf den Menschen. Sein Einfluß bestehe nur darin, daß er uns hindere, die Wahrheit zu erkennen und uns mit Gott als dem einzigen und vollkommensten Guten in Gedanken, Worten und Werken in Übereinstimmung zu setzen.

Die letzte große Schlacht um den Teufel wurde um die Mitte der siebziger Jahre des achtzehnten Jahrhunderts geschlagen, anläßlich der Wunderkuren – man erzählt von 20 000 – des Paters *Joh. Jos. Gaßner* aus Klösterle im Kanton Chur (Schweiz), der alle Krankheiten auf den Teufel zurückführte, zunächst sich selber durch Austreibung des Teufels gesund machte und dann auch alle von nah und fern zu ihm strömenden Patienten durch Exorzismus heilte. Auf Grund seiner Wunderkuren wurde er Geistlicher Rat und Hofkaplan des Fürstbischofs von Regensburg, doch legte ihm der Kaiser und schließlich auch der Papst 1776 das Handwerk. Der alte Streit um den Teufel wurde durch ihn aufs neue entfacht und brachte den Stein ins Rollen, der das Untier wenigstens in breiten Schichten der Gebildeten und Massen endgültig zermalmen sollte. In der endlosen Flut der Streitschriften für und wider den Teufel, der sich nun über das deutsche Publikum ergoß, ergriff auch *Semler* wieder das Wort und schleuderte in den Kampf Sätze von wuchtigstem Gefüge wie den nachstehenden: »Ich will als christlicher Theologus solchen ganzen Teufelskram und allen schäbigen Plunder ausstreichen aus dem Herzen und der sogenannten christgläubigen Seele, die übrigens von Gott und Christo Jesu nicht den zehnten Teil so viel und so ernsthaft und so oft denkt als von dem theologischen Untier Teufel, Satan und Beelzebub und was es noch für heidnische Mützen und Namen geben mag, darüber immerfort die sogenannte christliche Welt mehr vom Teufel besessen sein mag, und will als die große helle Erkenntnis Gottes zum einzigen Charakter des rechten wahren Christentums gelten zu lassen.« In diesem Streit tritt bei zahlreichen Wortführern die Schrift schon gänzlich zurück, an deren Stelle die Vernunft als Erkenntnisquelle an die Spitze gestellt wird. Der Teufel wird zu einer bloßen »Idee«. Rein auf die Vernunft sich stützend, schreibt der ungenannte Verfasser der Schrift »Doch die Existenz und Würkung des Teufels auf dieser Erde gründlich und ausführlich erwiesen« (Nürnberg 1776): »Aberglauben, Stolz, Bosheit, Wollust, Geiz, Faulheit, Mord – ihr mußtet Ursache haben – Priester erschufen den Teufel. Die Vernunft besteigt den Thron – und der Teufel flieht.« – »Männer von Geist und Herz, legt Hand an – jagt den Teufel von uns!« – »Wäre ich ein Lehrer, ich sagte vom Teufel kein Wort, weil es alles – Lügen sind.« – »Unwissende, bösdenkende Menschen in Ordnung zu halten, mag der Teufel wie der Büttel zu gebrauchen sein«, aber »bessert sie mit einem stillen sanften Geist, und allen Aberglauben schafft weg«. – »Wenn Untätigkeit, Müßiggang, Wollust, Ehrgeiz und Stolz aus den Herzen unserer Menschen fliehen, so ist der Teufel geflohen.«

In kaum einem Jahrhundert seit der Bestreitung seiner Körperlichkeit hatte der Teufel auch seine supranaturalistische Existenz eingebüßt. Wie aus einem furchtbaren Abgrund emportauchend, wo »das Auge mit Schaudern hinuntersah, wie's von Salamandern und Molchen und Drachen sich regt' in dem furchtbaren Höllenrachen«, »atmete« die Menschheit wieder »lang und tief und begrüßte das himmlische Licht«. Und da die »alte Schlange«, der »feuerrote Drache« endlich erschlagen dalag, suchte man nun auch im Volke durch eine Fülle aufklärerischer Schriften den Glauben an den Teufel bis auf den letzten Rest zu zerstören. So verflog der furchtbare Spuk des Mittelalters und um die Wende des achtzehnten zum neunzehnten Jahrhundert galt der Teufelsglauben schon so sehr als Aberglauben, daß ein Gutachten der medizinischen Fakultät zu Prag einen Schuhmacher in Budweis für verrückt erklären konnte, weil er an die Existenz eines leibhaftigen Teufels glaubte. Der Glauben an den Teufel war zum »mitleidsvollen Wahn einer unerleuchteten Zeit« geworden und sein Name zum Symbol des dem Menschen innewohnenden Bösen herabgedrückt. Die Namen jener Wohltäter der Menschheit aber, die zuerst gegen den Hexen- und Teufelswahn, ihr Leben nicht achtend, auf die Schanzen sprangen und die schon durch die Schule dem Gedächtnis eines jeden mit unverlöschlichen Lettern eingeprägt werden sollten, meldet »kein Lied, kein Heldenbuch«.

VIII. Der Sieger

Wer war der Sieger in diesem Kampf gewesen? Der Erzengel Michael, der den Höllendrachen mit seinen Scharen in den Abgrund stürzte? Nicht Christus, nicht die von ihm gestiftete Kirche mit dem »heiligen« Vater auf Petri Stuhl. Auch nicht der evangelische Geist der Kirche der Reformation oder das warmherzige christliche Empfinden. In Männern wie Spee hatte letzteres gesprochen, aber in der dogmatisch verfinsterten Welt, unter dem Druck der Autorität der Kirche und des noch alle Wissensgebiete beherrschenden theologistischen Denkens, kein weitergehendes Echo gefunden. Erst mußte es in den Köpfen der Menschen licht werden, erst mußte die menschliche Vernunft zur Selbstherrlichkeit erwachen und die Nebel des Wahns verscheuchen. Der *freie Geist* des Menschen, das ungebundene, wägende, alle Erscheinungen beobachtende Denken allein war es, das die Vorbedingungen für den geistigen Befreiungskampf der Menschheit schuf, die Waffen schärfte und den Stoß ins Herz führte. Mathematik, Astronomie, Physik mußten zunächst einmal das alte geozentrische Weltbild zerstören, in dem sich alles um die Erde und noch mehr um den Menschen drehte. Aus den Phantastereien der Astrologie war allmählich die Astronomie, aus den Retortendämpfen der Alchemie die Chemie hervorgegangen. Erscheinung auf Erscheinung ward begriffen als die Wirkung von natürlichen Kräften. Der Kosmos ward zum kausalen Mechanismus, in dem für dämonische, von außen her in ihn eingreifende Mächte – und auch der persönlich gedachte, überweltliche Gott ist solch eine dämonische Macht, im Gegensatz zum schwarzen bösen Teufel der weiße gütige Dämon – kein Raum mehr übrig war, weder im Himmel, noch auf Erden, noch unter der Erde. *Der Mensch hatte die Natur wiedergefunden,* die der alten Welt schon zur Zeit der Entstehung des Christentums verlorengegangen war.

Mit dem Wiedererwachen der Wissenschaften feierte aber auch die *Philosophie* ihre Auferstehung, ihre Befreiung von der Theologie. *Cartesius* (1596–1650) stellte gegenüber der Offenbarung als Prinzip aller Erkenntnis den Zweifel auf. Aber ihm sind Geist und Materie von gleicher Realität. Gott steht ihm außer und über der Welt. Der Fortschritt bei ihm besteht besonders darin, daß *der Mensch im Denken sich selbst wiederfindet und im freien Streben nach Erkenntnis sein höchstes Glück.* Ohne Schulung durch die kartesianische Philosophie hätte Bekker kaum seine »Bezauberte Welt« schreiben können. Am Schluß seiner »Prinzipien der Philosophie« unterwirft sich noch Cartesius, vielleicht im Hinblick auf das Schicksal Galileis, »sowohl der Autorität der katholischen Kirche als der klügerer Männer«. Das Bemühen der Philosophie nach Cartesius war es, dessen schroffen Dualismus zu überwinden. *Spinoza* (1632–1677) kennt nur noch die eine göttliche Substanz. Seine Welt ist in Gott, ist Gott selbst. Er lehrt einen pantheistischen Monismus des All-Einen und ist einer der mutigsten Vorkämpfer der Denkfreiheit.

In England entstand im siebzehnten Jahrhundert der *Deismus*, eine natürliche Theologie gegenüber der Offenbarungstheologie. In der Vernunft vollzieht sich nach dem Deismus die natürliche Offenbarung. Im Christentum ist nichts über und wider die Vernunft, wenn man seine Hülle und die Wunder abstreift. Der englische Deismus griff alsbald auch nach Frankreich hinüber. Die natürliche Religion ließ als Grundpfeiler schließlich nur noch die Ideen Gott, Freiheit und Unsterblichkeit bestehen, während die Enzyklopädisten in Frankreich darüber hinaus bis zum ausgesprochenen Materialismus gingen.

Der englische Deismus und die französische Aufklärung (Rousseau, Voltaire) beförderten auch die deutsche *Aufklärung* und bewirkten, daß die evangelische Theologie auf die natürliche Religion hinsteuerte. Der alte Buchstabenglauben, die buchstäbliche Auffassung der Bibel, strich vor der historischen die Segel. Das Zeitalter des Rationalismus brach auch für die Theologie an.

Mit dem Erwachen der Wissenschaften ging aber auch das politische Erwachen Hand in Hand. Die Staaten begannen sich vom Konfessionalismus und schließlich von der Kirche überhaupt zu befreien. Der *Toleranzgedanke* erhob machtvoll sein Haupt. *Lessing* predigte ihn ergreifend in seinem »Nathan« von der Bühne allem Volk, und Herder, Schiller, Goethe wandelten denselben Weg. *Der Sieg des Humanitätsgedankens war die positive, die Vernichtung allen Aberglaubens die negative Frucht der Aufklärung und bleibt ihr unvergänglicher Ruhm.*

Kant (1724–1804), der Vollender und zugleich Überwinder der Aufklärung, sieht in der Verwirklichung der Vernunftgesetze das höchste Ziel für die Menschheit. Die Verwirklichung der Vernunftgesetze aber führt zur höchsten Freiheit, d. h. autonomen sittlichen Gesetzgebung, für die Einzelpersönlichkeit und zur Humanität als der Unterordnung des Willens unter die Gesetzgebung, die die Vernunft für alle Menschen aus sich erzeugt. Freiheit ist ihm fortschreitende Selbstbefreiung. Das All wird ihm in seiner Gesetzmäßigkeit, dadurch, daß Raum und Zeit reine Formen der Anschauung sind, ein Wesensbestandteil des Menschen selbst, Gott zu einer von der Vernunft erzeugten Idee, die erst durch das sittliche Handeln Realität erlangt. Um das Radikalböse in der Menschennatur zu überwinden, den selbstsüchtigen Naturtrieb, der personifiziert in der Vorstellung zum Teufel, zum »Fürsten dieser Welt« werde, wie das vollendet Gute zu Christus, müsse eine auf die Erhaltung der Moralität der Menschen angelegte Gesellschaft über die ganze Menschheit ausgebreitet werden als das Reich Gottes auf Erden. Alles, was man außerhalb des guten Lebenswandels tue, um Gott zu gefallen, sei bloßer Religionswahn und Afterdienst Gottes. Ein siegessicherer moralischer Optimismus gibt ihm den Glauben an die unendliche Vervollkommnungsfähigkeit des menschlichen Geschlechts. Und so sieht er als das ideale Ziel aller religiösen Entwicklung die eine *unsichtbare* Kirche, in der es weder Statuten noch Observanzen gibt, weder Laien noch Kleriker, eine Kirche, in der *alle* Priester sind und sein können, sofern sie das Gute wollen und erstreben.

Der tiefe sittliche Ideengehalt der Kantischen Philosophie fand in *Schiller* seinen begeisterten Apostel und künstlerischen Gestalter. Was Kant in schwerfälliger, scholastischer Gelehrtensprache dargelegt hatte, reichte er seinem Volk als goldene Früchte in der silbernen Schale der Poesie:

> Nehmt die Gottheit auf in euern Willen
> Und sie steigt von ihrem Weltenthron!

und fügte zum Wahren und Guten noch das Schöne, als den harmonischen Dreiklang vollendeten Menschentums.

Während aber Kant den Menschen in ein zwiespältiges, einerseits der Natur und ihrer kausalen Gesetzmäßigkeit unterworfenes, anderseits der ganz entgegengesetzten intelligiblen Welt der Freiheit angehöriges Wesen, und damit die Einheit von Natur und Geist zerriß und obendrein durch die Statuierung des Radikalbösen in der menschlichen Natur der Theologie einen vortrefflichen Teufelsersatz schuf, erhob *Goethe*, der vollendetste Mensch seiner Zeit, in den Spuren Giordano Brunos und Spinozas weiterwandelnd, Natur und Geist in seinem Leben in innigster Durchdringung zur reinsten Harmonie. Was war ihm, dem »großen Heiden«, noch Christentum, Gott und Teufel, Himmel und Hölle, ihm, der Gott-Natur nur kannte, sich aus ihr geboren fühlte und in seiner Persönlichkeit gestaltete? »Hast du nicht alles selbst vollendet, heilig glühend Herz!?« Den Menschen als höchstes Geschöpf der Gottnatur bewertend, will er weder etwas vom »radikalen Bösen« Kants in der Menschennatur wissen, noch von der alten kirchlichen Anschauung von der Erbsünde. Das Sittliche erwächst ihm mit Notwendigkeit aus der auf das Gute angelegten, recht geleiteten menschlichen Natur. »Ein guter Mensch in seinem dunkeln Drange ist sich des rechten Weges wohl bewußt.« In der Herausbildung der Persönlichkeit beruht ihm der Sinn des Lebens. »Werde, was du bist!« Nicht aber der sich selbst genügenden, sondern der für das ganze Menschengeschlecht in rastloser Tätigkeit sich auswirkenden Persönlichkeit, die dadurch unvergänglich wird. Das Dämonische, den Streit der zwei Seelen, in der Menschenbrust, gestaltet er im *Faust* zum tiefsten Meisterwerk der deutschen Poesie, in welchem der Teufel noch einmal eine Gastrolle gibt, aber wiederum als der betrogene Teufel sich trollen muß. Denn, Faustens Unsterbliches mit sich entführend, verkündet der Engel das frei- und seligsprechende Evangelium für jeden, der die Schuld seines Lebens abzutragen bemüht ist durch die sittlich geadelte Tat in hingebendem Wirken für das Wohl des Menschengeschlechts: »Wer immer strebend sich bemüht, den können wir erlösen!« *Das Leben, vom All empfangen, ins All mit Dank zurückerstatten*, das ist, mit einem Wort des Dichters selbst, die Goethesche Lebensweisheit, die über sein Jahrhundert hinaustönt, befreiend und versöhnend auch noch in unsere Zeit.

IX. Der Teufel im 19. Jahrhundert.

Allgemeiner Charakter des 19. Jahrhunderts.

Das Werk der Aufklärung blieb für die Folgezeit nicht verloren, wenn schließlich ihr Rationalismus auch an seiner reinen Verstandesmäßigkeit zugrunde ging. Der philosophische Kritizismus Kants leitete die idealistische Epoche der deutschen Philosophie ein. Der Idealismus der fast allmächtigen Hegeischen Philosophie schlug in seiner Schule dann wiederum in den Materialismus um, dem der Positivismus und Neuidealismus folgten. Vor allem aber wurde das 19. Jahrhundert das Zeitalter der Naturwissenschaften. Wenn noch im 18. Jahrhundert der Arzt und Dichter Albrecht Haller hatte erklären können: »Ins Inn're der Natur dringt kein erschaffener Geist«, wogegen sich Goethe bereits mit beißender Schärfe gewandt hatte, obwohl auch nach ihm dem Menschen nicht vergönnt ward, *hinter* die Erscheinungsseite der Natur zu blicken, so haben die Naturwissenschaften doch inzwischen »mit Hebeln und mit Schrauben« der Natur ein gut Teil ihrer Geheimnisse abgerungen, und vor allem die ewigen, ehernen, großen Gesetze, nach denen alles in der Welt seines Daseins Kreise vollendet. Für die Naturwissenschaften gibt es weder Gott noch Teufel als substantielle Wesen, weder Gut noch Böse als in der Natur sich auswirkende Prinzipien, noch auch den dualistischen Gegensatz von Geist und Materie. Sie kennen nur die eine, einheitliche, in ewigem Wandel nach ewigen Gesetzen sich darstellende Natur, die im Menschen sich selbst zum Bewußtsein kommt und über dem Reich kausalmechanischer Kräfte und blinder, unbewußter Triebe das Reich der Vernunft, der sittlichen Aufgaben und damit der idealen Menschheit durch die fortschreitende Kulturentwicklung in bewußter Zielsetzung zu errichten bestrebt ist. Die Durchschnittsweltanschauung der überwiegenden Mehrheit unseres Volkes aber und der fortgeschrittenen Länder des christlich-abendländischen Kulturkreises geht den gleichen Weg. Die christliche Laienwelt hat im großen ganzen dem lebendigen Teufel abgesagt; sie läßt den Teufel höchstens noch als Symbol des Bösen im Menschenherzen gelten, wenn sie ihn auch nach wie vor in kernigen Flüchen oder Redewendungen im Munde führt, wie etwa: Das soll der Teufel holen! Da schlag doch gleich der Teufel drein! Und wenn der Teufel auf Stelzen kommt! u. dgl. mehr.

Der Teufel in der evangelischen Kirche.

Anders verhält es sich mit den Kirchen. Während in der evangelischen Kirche Schleiermacher mit dem Seziermesser seines scharfen Verstandes die Unsinnigkeit der Teufelsvorstellung für jeden denkenden Kopf dargelegt hatte, während Strauß die Bekämpfung der Teufelsvorstellung überhaupt unterließ, da sie ihm zugleich mit der Engelvorstellung in unserer heutigen Weltanschauung völlig entwurzelt schien, während Ritschl und mit ihm die moderne Theologie die Annahme eines bösen Prinzips noch außerhalb des Menschen für überflüssig ansah und ansieht, hält die moderne Orthodoxie oder positive Theologie so weit als irgend möglich am lebendigen Teufel fest. Und von ihrem Standpunkt aus gewiß mit Recht. Denn für das alte Christentum und Urchristentum war der Teufel niemals nur eine bloße Personifikation oder ein Symbol des menschlichen Egoismus gewesen, sondern eine mit der Fähigkeit zur äußeren Erscheinung begabte furchtbare Macht, ein Widergott, gegen den der Gottessohn Christus seine Gläubigen zum Kampf organisiert hatte, und ohne den die Entstehung des Christentums überhaupt nicht denkbar ist. Was die liberale oder moderne Theologie uns als Christentum verkündet, ist kein echtes Christentum mehr, sondern ein zum Jesuanertum verwässertes Christentum. Nicht Fisch, nicht Fleisch, errichtet auf den Sprüchen und Gleichnissen einer Persönlichkeit, die, wenn man sie greifen will, stets zwischen den Händen wie ein Schemen zerfließt, von jedem Theologen anders aus der evangelischen Wundersphäre herauskonstruiert wird und bestenfalls ein edler, warmherziger Moralprediger war mit dem lebendigen Gefühl der Gotteskindschaft. Ein religiöses Vorbild in zeitlicher Beschränkung, aber kein religiöses Prinzip wie der welterlösende Gottessohn Christus. Ein Kompromiß voll des Gefühlsüberschwangs zwischen Christentum und moderner Weltanschauung. Die führenden positiven Dogmatiker des 19. Jahrhunderts, die Martensen, J. P. Lange, Thomasius, Philippi, v. Ho mann, Twesten, Luthard, Kahnis, Eothe, Dorner u. a., sehen daher im Teufel ganz folgerichtig ein lebendiges, persönliches Prinzip, und ein Vilmar, der nebenbei eine noch heute in höheren Töchterschulen beliebte Literaturgeschichte geschrieben hat, will es sogar einem richtigen Theologen zur Bedingung machen (Theologie der Tatsachen, 1856), »des Teufels Zähnefletschen aus der Tiefe gesehen (mit leiblichen Augen gesehen, ich meine das ganz unfigürlich) und seine Kraft an einer armen Seele empfunden, sein Lästern, insbesondere sein Hohnlachen aus dem Abgrund gehört zu haben.«

Der Teufel in der katholischen Kirche.

Mit äußerster Konsequenz hält natürlich die katholische Kirche, durch Schrift und Tradition gebunden, an dem lebendigen, persönlichen Teufel fest. Wer das nicht glauben wollte, der wurde noch 1906 durch einen Prozeß in Salzburg eines Besseren belehrt, wo sich ein Bauer vor dem Landgericht wegen »Beleidigung von Lehren und Einrichtungen der katholischen Kirche« zu verantworten hatte, weil er erklärt hatte: »Ich fürchte mich vor keinem Teufel. Wenn es einen gäbe, so hätte er mich schon längst geholt. Wenn auch 99 Wagen voll Teufel dahergefahren kämen, mir ist's gleich. Der Teufel, das ist mein Weib daheim.« Der Teufel eine Einrichtung der katholischen Kirche, und zwar eine ganz vortreffliche! Die Furcht vor ihm hat sie groß und fett gemacht. Aus Furcht vor dem Teufel, seiner Hölle und dem Fegefeuer läßt man Messen über Messen lesen, macht man Seelenheilstiftungen ohne Zahl. Als um die Wende des ersten christlichen Jahrtausends die Welt ganz in die Hände des Teufels geraten zu sein schien und der Glaube an den Untergang der Welt alle Gemüter mit Furcht und Schrecken erfüllte, da stiftete ein jeder der Kirche, was er nur zu stiften vermochte, um seine Seele zu retten, so daß die Kirche kaum mehr wußte, was sie mit all den Schenkungen anfangen sollte. Eine nie versiegende Geldquelle für die Kirche ist auch das Ablaßwesen geblieben. Der Glaube an den Teufel muß daher dem Volke erhalten bleiben. Das sagten sich ganz besonders die Jesuiten, die bald nach der Begründung ihres Ordens, mit wenigen rühmlichen Ausnahmen, unter den Vorkämpfern des Teufels- und Hexenwahns gestanden hatten. Um dieses Ziel zu erreichen, setzten sie im letzten Viertel des 19. Jahrhunderts einen erbitterten Kampf gegen die Freimaurer, die ihnen wegen ihrer Geheimorganisation und ihrer überkonfessionellen, in den romanischen Ländern ganz ausgesprochen antikirchlichen Tendenz ein Dorn im Auge waren, in Szene und erfanden den *Satanskult der Logen*. Bei ihrer herrschenden Stellung in der römischen Kirche benutzten sie Leo XIII. als Vorspann und ließen ihn am 20. April 1884 die Welt mit seinem Hirtenbrief »Humanum genus« beglücken, in dem er die Freimaurer als Menschen hinstellt, »die dem Reiche Satans und der höllischen Mächte angehören«, als »beseelt von den trotzigen Teufelsgeistern«, als »Parteigänger des Bösen«, als besessen von satanischem Haß und satanischer Rachgier. Damit war die Parole zum Jesuitenkreuzzug gegen die Freimaurer ausgegeben, der zwölf Jahre lang tobte, aber als Satyrspiel mit einem welterschütternden Lachen über die unbegrenzte Dummheit der Urheber dieses Feldzugs endete.

Der Taxilschwindel

(1885–1897). Einer der geriebensten und gewissenlosesten Piraten der menschlichen Dummheit und Sensationslust, der Südfranzose Gabriel Jogand-Pagès, kam nämlich auf den schlauen Gedanken, genau wie die Kirche und die Jesuiten aus dem Teufelsglauben der katholischen Schäflein Kapital zu schlagen. Bisher »Fümist« (Aufschneider, Zeitungsentenfabrikant), ausgesprochener Pornograph und Tingeltangelsänger, beschloß er nach kurzer verunglückter Karriere in der Freimaurerei, die ihn nach wenigen Monaten wieder an die Luft gesetzt hatte, inspiriert durch Leos Hirtenbrief, sich zu bekehren (23. April 1885) und den Satanismus zu seinem Geschäftszweig zu machen. Zu diesem Zwecke unterzog er sich in einem Jesuitenkolleg den anstrengendsten Exerzitien, legte eine dreitägige Generalbeichte ab, in der er u. a. einen Mord aus Vorbedacht beichtete, und begann nun als »Konvertit« mit seinen grotesken Enthüllungsschriften über die Freimaurerei, unter denen gleich die »Dreipunktebrüder« einen überwältigenden Erfolg (in wenig Jahren über 100 000 Exemplare) erzielten. Dieses Buch wurde 1886 vom Jesuitenpater Gruber auch in deutscher Übersetzung herausgegeben und von der gesamten führenden ultramontanen Presse Deutschlands aufs wärmste befürwortet. *Léon Taxil*, wie sich Gabriel Jogand-Pagès als Autor jetzt nannte, die Jesuiten und die gesamte teufelsgläubige

Klerisei arbeiteten nunmehr elf Jahre lang einträchtig Hand in Hand. Je tolleren Blödsinn Taxil verzapfte, desto helleren Jubel löste er im klerikalen Lager aus. Bald fand er einen Genossen im Schwindel in Dr. Hacks (Dr. Bataille), dem Schwager Bachems, des Verlegers der Kölnischen Volkszeitung, und schließlich noch in dem Italiener Margiotta. Nach dem Leitsatz »Die menschliche Dummheit ist unbegrenzt«, überbot sich das Schwindlertrio in Schauergeschichten. Dr. Hacks insonders glänzte als der Jules Verne des Satanismus. Dem rasierten Schaf Léon Taxils, das der in den Geheimareopag der Ritter Kadosch Aufzunehmende mit verbundenen Augen, im Glauben, es sei ein Mensch, abzustechen hat, dem »Ritus der Möpse« in der »palladistischen Frauenloge«, in dem der mittelalterliche Huldigungskuß unter den Schwanz des Teufelsmopses wiederkehrt, und der zotigen sexuellen Geometrie des fünfzackigen Sternsymbols, des wahren Schlüssels zu den Geheimsymbolen der Freimaurerei, folgten nun in dem Buche »Der Teufel im neunzehnten Jahrhundert« die Geschichten vom Teufel des Fürsten Pomeranzeff, von der Hochzeit eines Herrn Wladimir mit einem Tisch, der von einem Sukkubusteufel besessen war, von der sakrilegischen Trauung eines Affenpaares in einer Wüste in der Nähe Kalkuttas, vom chinesischen Skelettteufel Wham-tschin-fu, der den Dr. Bataille gehörig verprügelte, vom pfeifenden drahtlosen Satanstelephon des Satanspapstes Pike in Charleston, von der palladistischen Großmeisterin der Möpse des Stillschweigens, Anna Schultz in Berlin, vom schwebenden Tisch, der sich in ein verliebtes, mit dem Schwanz Klavier spielendes Teufelskrokodil verwandelte, vom Teufel Sybacco des zweiten Teufelspapstes Lemmi, des Großmeisters der italienischen Logen, einer Art Bastardierung aus Orang-Utang, Gans und Schaf, nebenbei einer Erfindung Margiottas und dergl. mehr. Dem Schwindel setzte Taxil jedoch erst die Krone mit der Erfindung der Miß *Diana Vaughan*, im Jahre 1895, auf. Diana Vaughan, die nur in der Phantasie ihres Erfinders lebte, konnte sich rühmen, die Tochter des Oberteufels Bitru zu sein. Im Alter von zehn Jahren war sie bei ihrer Aufnahme als Meisterin in die Palladistenloge zu Louisville dem altbekannten geilen Buhlteufel Asmodaeus angetraut, der ihr als Brautgeschenk den Schwanz des Löwenengels des heiligen Markus zur Benutzung als Boa verehrt hatte. Ihre Hochzeitsreise hatte sie mit ihrem Gatten Asmodaeus auf den Mars gemacht. Ihre 1895 veröffentlichten »Erinnerungen«

(Mémoires) erschienen bereits 1896 in deutscher Übersetzung von Dr. Germanus, hinter dem sich wohl ein Dr. Romanus verbarg. Miß Vaughan wußte aber noch interessantere Dinge zu berichten. So verkündete sie den aufhorchenden klerikalen Ohren, daß eine andere Tochter des Teufels Bitru, Sophia Walder, die Großpalladistin von Frankreich und Belgien, die von ihrem Vater als Amme gesäugt war, von eben demselben Vater Bitru am achten Tage des Monats Phaophi, im Jahre 000896 des wahren Lichts, nach christlicher Zeitrechnung am 29. September 1896, in Jerusalem die Urgroßmutter des Antichrists gebären werde. Bitru habe der Sophia Walder diese Ankündigung eigenhändig am 8. Oktober 1883 bestätigt.

Leo X. hatte schon 1887 Léon Taxil als seinen geliebten Sohn in Privataudienz empfangen, auf dessen Schriften in seiner Privatbibliothek mit den Worten hingewiesen, er habe durch das Studium derselben den Satanismus der Freimaurersekte richtig begriffen, und ihn ermuntert, im Dienste der Kirche weiter fortzufahren (»dein Leben ist für die Kämpfe des Glaubens noch sehr nützlich«).

Im Jahre 1892 verordnete Leo, daß hinfort am Feste des heiligen Michael, am 29. September, jeder Priester nach jeder Messe an den Stufen des Altars zu beten habe:»Heiliger Erzengel Michael, stürze den Satan und alle andern höllischen Geister, die zum Verderben der Menschen in der Welt umherschweifen, in die Hölle zurück.«

Nachdem dann Miß Vaughan als bekehrte Expalladistin und »Heilige« mit ihren »Denkwürdigkeiten« auf der Bildfläche erschienen war, kam es zu einem Briefwechsel zwischen ihr und dem Kardinal Parocchi, in dem ihr dieser am 16. Dezember 1895 den ganz besonderen apostolischen Segen des Papstes übermittelte und in ihrer Bekehrung einen der herrlichsten Triumphe der Gnade, die er kenne, sah. Und noch ein andermal, am 27. Mai 1896, läßt ihr der Privatsekretär des Papstes, Sardi, durch den Geheimsekretär des Antifreimaurerbundes, Rod. Verzichi, mitteilen, daß der Papst ihre »Eucharistische Novene« mit großem Vergnügen gelesen habe. Am 11. Juli 1896 dankt ihr Sardi selbst für Zusendung ihrer Schrift »Der Dreiunddreißig-Punktebruder Crispi«, in der sie die Ankündigung der Geburt der Urgroßmutter des Antichrists mit der eigenhändigen Unterschrift Bitrus veröffentlicht hatte, bestehend aus den Worten: Sanctus Daemon Primarius Praeses, und darunter Pfeile, Blitz,

Stricke, Kriegstrompete und Gockelhahn als den Namen Bitru darstellende Teufelshieroglyphen, und schreibt: »Fahren Sie fort, Fräulein, fahren Sie fort zu schreiben und die gottlose Sekte zu entlarven.«

Inzwischen aber hatten sich nun doch in den deutschen ultramontanen Kreisen einige Bedenken gegen die Handschrift Bitrus geregt. Auch schien es merkwürdig, daß Miß Vaughan stets unsichtbar und unauffindbar blieb, wenn man auch die Gefährdung ihres Lebens durch die Freimaurer als Grund dafür gelten lassen konnte. Besonders stutzig hatte eine gegen den Schwindel gerichtete Schrift des angesehenen deutschen Freimaurers Findel gemacht. Infolgedessen machten »Germania« (22. August) und »Kölnische Volkszeitung« (25. August) plötzlich eine Schwenkung. In letzterer war es besonders Gruber, der nunmehr, nachdem er durch Übersetzung der »Dreipunktebrüder« den deutschen Katholizismus selbst auf die Leimrute Taxils gelockt hatte, gegen diesen Front machte.

Da gelang es Taxil mit seinem Anhang, ein großes Antifreimaurerkonzil zu Trient zu veranstalten, das Licht über die Ziele und das Treiben der gefährlichen Freimaurersekte bringen und auch die Enthüllungen über die Freimaurer, wie sie von Taxil, Dr. Hacks-Bataille, Margiotta und Miß Vaughan gemacht waren, auf ihre Wahrheit hin untersuchen sollte. Dieses »Konzil« tagte vom 26. bis 30. September, offensichtlich als Demonstration gegen die Urgroßmutter des Antichrists, die eben in diesen Tagen das Licht der Welt erblicken sollte. 36 Bischöfe, 50 bischöfliche Delegierte, 61 Pressevertreter, im ganzen etwa 800 Teilnehmer, zumeist aus den romanischen Ländern, waren erschienen. Taxil, von der Volksmenge wie ein Heiliger gefeiert, verteidigte sich gegen die von deutschen Klerikern und Jesuiten (Baumgarten) erhobenen Einwände mit größter Gewandtheit. Auf Dr. Baumgartens drei Fragen, bei welchem Priester Miß Vaughan konventiert habe, an welchem Tage, und wer ihre Eltern seien, begann er, unter jubelnder Begrüßung der erdrückenden Mehrzahl der Konzilteilnehmer mit gekünstelter Erregung seine Verteidigung mit den Worten: »Ich existiere nicht, Sie existieren nicht, Miß Vaughan existiert nicht ... Das Material habe ich in der Tasche, aber Sie dürfen es nicht wissen. Sie sind zu neugierig, mein Herr ... Der Dolch der Freimaurer bedroht Miß Vaughan stündlich. Also schweigen wir über solche Dinge, um die Heilige nicht zu gefährden. Einer Kommission von Vertrauensmännern werde ich die Beweise vorlegen, aber Ihnen nicht.« Alles was er dem Konzil an Dokumenten vorlegte, war eine Photographie der Miß Vaughan. Am Schluß des Konzils, am 30. September, wurde der große »Heilige« Taxil vom Fürstbischof von Trient, Valussi, zur großen Tafel im fürstbischöflichen Palast eingeladen, an der u. a. auch der Vertreter des Papstes, Bischof Lazzareschi, und Fürst Karl Löwenstein, die bekannte Größe deutscher Katholikentage, teilnahmen, trotzdem er von Gruber bereits offen als Schwindler bezeichnet war. Am 22. Januar 1897 erklärte die Untersuchungskommission, daß sie bis jetzt auf keinen durchschlagenden Beweisgrund, sei es für, sei es gegen die Existenz, die Bekehrung und Authentizität der Schriften der angeblichen Diana Vaughan gestoßen sei. So hatte sich Rom wieder einmal alle Pforten aufgehalten, trotzdem inzwischen der Stein ins Rollen gekommen war, der das ganze Schwindelgebäude zum Zusammensturz bringen sollte.

Schon im Juli, also vor dem Konzil, war Margiotta von Taxil und Dr. Hacks abgesprungen, aber Miß Vaughan verbreitete in ihrem Leibblatt, der »Revue mensuelle«, alsbald zur Beruhigung der frommen Gemüter das Märlein, Margiottas plötzlicher Haß gegen sie rühre daher, daß sie ihm nicht nur einen Korb gegeben, sondern auf einen Pump von 100 000 Franken nicht eingegangen sei.

Nachdem nun aber Taxil seinen höchsten Triumph erreicht hatte, den gesamten hohen Klerus vom Papst an samt den Jesuiten vor der ganzen Welt nahezu zwölf Jahre lang in der unfaßbarsten Weise verulkt zu haben, beschloß er unter größtmöglichem Aufsehen seine Selbstentlarvung. Am 13. Oktober 1896 hatte die »Kölnische Volkszeitung« bereits Dr. Hacks als Dr. Bataille festgenagelt. Am 16. Oktober bestätigte dieser in der gleichen Zeitung zum Teil die Enthüllung, indem er zugleich seine Autorschaft an einem atheistischen Buch, betitelt le »Geste«, zugab und der katholischen Religion seine vollkommenste Verachtung bezeugte. Am 19. Oktober aber tröstete der Sekretär des Kardinals Parocchi immer noch Miß Vaughan mit den Worten: »Ich erblicke in diesem Kriege nur ein niederträchtiges Manöver dessen, von dem Sie besser als jemand anders wissen, daß er der Vater der Lüge ist« (der Teufel). Mitten in dem größten Wirrwarr, den Miß Vaughan durch ihre Geschichten immer tiefer aufrührte riß sich am 19. April 1897, an einem Ostermontag,

Taxil selbst endlich, als der Kampf für und wider Miß Vaughan und den ganzen Satanismus der Freimaurerei in der gläubigen Welt bis zur Siedehitze entbrannt war, im großen Saale der Geographischen Gesellschaft zu Paris, unter ungeheurem Gelächter auf der einen und rasenden Wutausbrüchen auf der andern Seite, die Maske vom Gesicht. Er feierte sich selbst unter ausführlicher Darlegung des Schwindels als den größten Mystifikator der Neuzeit, erzählte u. a., wie ein Freiburger (Schweizer) Kanonikus ihn einmal aufgefordert habe, als besonderer Freund Gottes vor seinen Augen ein kleines Wunder zu verrichten, z. B. einen Stuhl in einen Spazierstock oder Regenschirm zu verwandeln, wie die antifreimaurerische Jeanne-d'Arc-Hymne, deren Text und Musik auf Miß Vaughan zurückgeführt wurde, in Wirklichkeit aber vom Orchester-Dirigenten des Sultans Abdul Asis für die Unterhaltungen im Serail komponiert war, bei besonders festlichen Gelegenheiten in den großen Basiliken Roms gespielt wurde, wie zur Danksagung für die Bekehrung der Miß Vaughan vom Delegierten des Apostolischen Stuhls beim Zentralkomitee des Antifreimaurer-Bundes, Mgr. Lazzareschi, ein Triduum in der Kirche des heiligen Herzens in Rom abgehalten wurde, wie Rom in Miß Vaughan drang, den römischen Plänen bezüglich neuer Wunder hilfreich beizuspringen, und schloß mit den Worten: »Vor zwölf Jahren habe ich vor meinem Beichtvater mich eines Meuchelmordes angeklagt, den ich nicht begangen habe. Heute klage ich mich vor Ihnen öffentlich eines Kindesmordes an: der Palladismus ist hiermit tot, abgeschlachtet von seinem eigenen Vater.«

Man hätte meinen sollen, daß hiermit auch der wüste Teufelsglauben der katholischen Kirche totgeschlagen war. Aber mit Unrecht. Der Glaube an den leibhaftigen Teufel steckt der katholischen Kirche noch tiefer im Leibe als der evangelischen. Der Abfall des Teufels und seiner Engel von Gott ist katholischer Glaubenssatz, ebenso die Rangordnung der Satansengel oder Teufel mit Luzifer an der Spitze, dem nach Hebr. 2,14 die Herrschaft über den Tod übertragen ist. Dämonische Besessenheit und Zauberei mit Hilfe des Teufels ist katholische Lehre, weshalb auch immer noch gelegentlich Teufelsaustreibungen stattfinden, wie die berühmte zu Wemding 1891 unter Gutheißung der Bischöfe von Augsburg und Eichstätt, allwo der 50-Hutzel-Teufel aus einem zehnjährigen Knaben, dem Kind einer Mischehe, in das die Nachbarsfrau, eine Protestantin, besagten Teufel hineingehext hatte, erst nach zweitägiger Anstrengung zweier Exorzisten ausgetrieben wurde.

Wer daher, wie weiland Professor Schell in Würzburg, aus dem Katholizismus ein Prinzip des Fortschritts machen will und den ganzen satanistischen Kram verwirft, der muß sich auch, wie Schell vom Jesuiten Gruber, sagen lassen, und wiederum nicht mit Unrecht: »Eine hochfahrende ›apriorische‹ Abweisung alles Teufelsglaubens, auch insofern derselbe einen Bestandteil des christlichen Dogmas bildet, wie sie in letzter Zeit in manchen Blättern zu Tage getreten ist, die, um das Übel zu heilen, zugleich für die Beseitigung der betreffenden Glaubenslehre plädierten, ist nicht nur völlig unberechtigt, sondern auch unwissenschaftlich. Daß Teufel nicht existieren oder nicht mit Menschen in Verbindung treten können, hat noch keine Wissenschaft bewiesen ...«

Unwissenschaftlich ist es tatsächlich, seiner Wissenschaft als Grundprinzip das Dogma zugrunde zu legen und dann dieses Dogma nicht anzuerkennen. Eine andere Frage ist es allerdings, ob Dogma und Wissenschaft sich nicht prinzipiell wie Wasser und Feuer ausschließen. Im übrigen verlangt die Wissenschaft, daß die Theologie ihr einen Teufel auf den Tisch legt, um seine Existenz anerkennen zu können. Sie würde ihn mit Dank akzeptieren, ausstopfen und in einem Museum der Nachwelt als köstlichstes Vermächtnis überliefern.

Der Teufel ist und bleibt also eine Einrichtung der katholischen Kirche. Überdies haben noch Pius IX. und insbesondere Leo XIII. in seiner Thomasenzyklika »Aeterni patris« vom 4. August 1879 und noch in späteren Enzykliken die Philosophie und Theologie des heiligen Thomas von Aquino (1225-1274) als Grundlage aller gelehrten Studien der katholischen Christenheit erklärt. Thomas' Theologie enthält aber bereits die wohlsystematisierte Teufelslehre des Mittelalters mit Succubus und Incubus. Die katholische Kirche kann und darf also nicht ohne den leibhaftigen Teufel leben. Er kann wohl, temporum ratione habita, mit Rücksicht auf die Zeitverhältnisse, ein wenig aus der blendenden Tageshelle in ein Dämmerlicht zurückgestellt werden, darf aber nicht verschwinden. Gott und der Teufel, Himmel und Hölle, zwischen beiden steht die katholische

Seele. Darum schließt auch der Professor der katholischen Theologie in Münster, Dr. Joseph Bautz, sein Vorwort zur zweiten Auflage seines Buches über die Hölle (1905), in welchem er sie, im Anschluß an die Scholastik, in das Innere der Erde verlegt mit den feuerspeienden Bergen als ihren Schloten, mit den Versen:

> O du süßer Jesu Christ, der du Mensch geboren bist,
> Behüt' uns vor der *Hölle!*

Die katholische Kirche behält sowohl die Pforten zur Seligkeit als zur Verdammnis fest in der Hand.

X. Ausblick.

Wir stehen am Ende unserer Betrachtung. Wir sahen den Entwicklungsgang des Mythos vom Teufel, als dem Gegengott, von seinen vorchristlichen Anfängen an über seine Dogmatisierung seitens der Kirche und seine Ausartung zu einem furchtbaren, Millionen von Menschen unter den entsetzlichsten Martern verschlingenden Wahn bis zu seiner allmählichen Zurückdrängung durch das von aller kirchlichen Gebundenheit befreite, wissenschaftliche Denken und seinem endgültigen Zusammenbruch außerhalb der kirchlich-dogmatischen Kreise. Noch einmal müssen wir es scharf herausheben, was im Bewußtsein der christlichen Kulturwelt allzusehr verdunkelt ist: *Das Christentum hat sich auf einem universalen Mythos aufgebaut,* auf dem Glauben an den die Menschheit durch seinen Tod aus der Gewalt des Teufels befreienden Christus oder Messias. Durch die Gleichsetzung Jesu mit dem mythischen Himmelswesen Christus beginnt die Konstituierung der christlichen Gemeinden, die sich in der Kirche zusammenschließen. Ob dieser Jesus, dessen Leben, Wirken, Sterben und Auferstehen eine einzige Kette von Wundern ist, gelebt hat oder nicht, verschlägt daran nichts. Denn der Mensch Jesus, sofern er gelebt hat, wird von dem Mythos alsbald verschlungen; er wird zum *Gottmenschen,* und allein der Gottmensch ist der Fels, die tragende Idee, das konstitutive Prinzip der Kirche des Glaubens, nicht aber das liberale Jesusbild. Der Historiker der Leben-Jesu-Forschung, A. Schweitzer, faßt sein Urteil über die Leben-Jesu-Forschung von Reimarus bis Wrede dahin zusammen: »Der Jesus von Nazareth, der als Messias auftrat, die Sittlichkeit des Gottesreiches verkündete, das Himmelreich auf Erden gründete und starb, um seinem Werk die Weihe zu geben, hat nie existiert. Er ist eine Gestalt, die vom Rationalismus entworfen, vom Liberalismus belebt und von der modernen Theologie mit geschichtlicher Wissenschaft überkleidet wurde.« Der Realgrund des Christentums ist eben nicht der »historische Jesus«, sondern der unhistorische, mythische Christus gewesen und die »Fülle der Idee«, die in Christo Jesu in Erscheinung trat. In wessen Herz dieser Christus Jesus noch lebendig ist, der ist ein Christ, in wessen Herz er aber nicht mehr lebt, der steht außerhalb des Christentums, auch wenn er der Kirche noch angehört; und auch diejenigen, die von der

Kanzel herab den idealen, aber zeitlich bedingten Menschen Jesus predigen, sind keine Christen mehr, sondern Jesuaner.

Ebenso aber, wie der Gegensatz von Gott und Teufel in nichts verflogen ist, nachdem das Denken die mythische, personifizierende und Allgemeinbegriffe substanzierende Stufe überwunden hat, liegt auch der Gegensatz von Gott und Welt in den letzten Zügen. Das Denken ist in immer weiterem Ausmaß monistisch geworden. Gott und Welt, Geist und Materie erscheinen nicht mehr als Gegensätze. Die Weltidee hat die Gottesidee in sich aufgenommen. Dadurch ist die Welt aus einer bloßen »Schöpfung« emporgestiegen zum schöpferischen, in ewiger Evolution sich darstellenden All. Im All aber gibt es nicht mehr den ethischen Gegensatz von Gut und Böse, aus dem die ganze christliche Mythologie, wenn auch beschränkt durch den Monotheismus, herausgewachsen war. Das All lebt sein ewiges Leben jenseits von Gut und Böse. Gut und Böse sind zu relativen Begriffen, zu Ordnungsbegriffen des menschlichen Denkens, zu konstitutiven Prinzipien der menschlichen Gesellschaft geworden.

Als einst der große Ethnologe Bastian in Südafrika bei den Buschmännern seine völkerkundlichen Forschungen anstellte und einen Buschmann nach seiner Vorstellung von Gut und Böse ausfragte, erwiderte ihm dieser treuherzig: »Böse ist, wenn *mir* jemand *meine* Weiber stiehlt; gut ist, wenn *ich* jemandem *seine* Weiber stehle.« Hier haben wir den ursprünglichsten Ausgangspunkt der Persönlichkeit emporführen können. Hier gilt in Wahrheit das Wort: »Wer sein Leben lieb hat, der wird es verlieren, und wer es verliert, der wird es tausendfältig weder gewinnen.« Wer seiner Selbstsucht, seinen Trieben unterliegt, der merzt sich selbst aus der menschlichen Gesellschaft aus, wer aber die Forderung der Gesellschaft anerkennt, sich ihr beugt, sie ganz in seinen Willen aufnimmt und zum sittlichen Prinzip seines Lebens macht, der gewinnt seine Persönlichkeit vertieft, geadelt und *vergeistigt* zurück und strömt Licht und Leben von sich aus. So wird die Natur in ihrem Wirken vorbildlich für den Menschen auf seinem ureigensten, dem sittlichen Gebiete. Er selbst wird dadurch, daß er nicht anders handeln *kann* als er *soll*, vergeistigte Natur und schließt den Ring, der von der Natur als *Trieb* durch die Kultur zur *bewußten* Natur, und damit auch zur vollendeten Persönlichkeit, zurückführt. Ein solches Leben führen heißt *religiös leben im monistischen Sinne*; heißt *das aus dem All erblühte Leben mit Dank ins All zurückerstatten*.

Die menschliche Gesellschaft hat aber als Zwischenglieder zwischen sich und der Einzelpersönlichkeit die Völkerindividuen. Und für diese gilt das gleiche wie für den einzelnen. Auch der Individualegoismus der Völker findet seine Schranke an dem weltumspannenden Gemeinschaftsgedanken, muß in ihn untertauchen und aus ihm neugeboren werden, indem nunmehr jedes Volk sich als Träger des Menschheitsgedankens fühlt, ihm dient und für ihn sich selbst einsetzt, nicht mit der rohen Kraft der Gewalt, sondern mit der Kraft des Geistes und Gedankens. Denn das Ziel aller Menschheitsentwicklung auf Erden ist das Reich einer idealen Menschheit. Nicht über den Wolken, nicht hinter dem Tode liegt das Reich der Vollendung; als Stern der Verheißung leuchtet es uns in unserm Herzen voran, ewig unerreichbar und doch ewig nahe; ewig unsern Pfad auf Erden erleuchtend und uns selber verklärend.

Mühsam ist der Weg und nur

Schrittweis dem Blicke,
Doch ungeschrecket
Dringen wir vorwärts.

Wir dürfen *hoffen*!

Literatur

Roskoff, Geschichte des Teufels, zwei Bände. Leipzig 1869.

Graf, Naturgeschichte des Teufels. (Aus dem Italienischen von Teuscher.) Jena 1890.

P. von Hoensbroech, Das Papsttum in seiner sozialkulturellen Wirksamkeit, Band I, 3. Auflage. Leipzig 1901.

Jos. Hansen, Zauberwahn, Inquisition und Hexenprozeß im Mittelalter. München 1900.

Wilhelm Fischer, Die Geschichte des Teufels. – Die Geschichte der Buhlteufel und Dämonen. Stuttgart 1908. – Die Geschichte der Teufelsbündnisse, der Besessenheit, des Hexensabbats und der Satansanbetung. – Der verbrecherische Aberglaube und die Satansmessen im 17. Jahrhundert. Stuttgart 1907.

J. Lanz-Liebenfels, Der Taxilschwindel. Ein welthistorischer Ulk. Nach den Quellen bearbeitet. Frankfurt a. M.

Über tredition

Eigenes Buch veröffentlichen

tredition wurde 2006 in Hamburg gegründet und hat seither mehrere tausend Buchtitel veröffentlicht. Autoren veröffentlichen in wenigen leichten Schritten gedruckte Bücher, e-Books und audio-Books. tredition hat das Ziel, die beste und fairste Veröffentlichungsmöglichkeit für Autoren zu bieten.

tredition wurde mit der Erkenntnis gegründet, dass nur etwa jedes 200. bei Verlagen eingereichte Manuskript veröffentlicht wird. Dabei hat jedes Buch seinen Markt, also seine Leser. tredition sorgt dafür, dass für jedes Buch die Leserschaft auch erreicht wird.

Im einzigartigen Literatur-Netzwerk von tredition bieten zahlreiche Literatur-Partner (das sind Lektoren, Übersetzer, Hörbuchsprecher und Illustratoren) ihre Dienstleistung an, um Manuskripte zu verbessern oder die Vielfalt zu erhöhen. Autoren vereinbaren direkt mit den Literatur-Partnern die Konditionen ihrer Zusammenarbeit und partizipieren gemeinsam am Erfolg des Buches.

Das gesamte Verlagsprogramm von tredition ist bei allen stationären Buchhandlungen und Online-Buchhändlern wie z. B. Amazon erhältlich. e-Books stehen bei den führenden Online-Portalen (z. B. iBookstore von Apple oder Kindle von Amazon) zum Verkauf.

Einfach leicht ein Buch veröffentlichen: **www.tredition.de**

Eigene Buchreihe oder eigenen Verlag gründen

Seit 2009 bietet tredition sein Verlagskonzept auch als sogenanntes "White-Label" an. Das bedeutet, dass andere Unternehmen, Institutionen und Personen risikofrei und unkompliziert selbst zum Herausgeber von Büchern und Buchreihen unter eigener Marke werden können. tredition übernimmt dabei das komplette Herstellungs- und Distributionsrisiko.

Zahlreiche Zeitschriften-, Zeitungs- und Buchverlage, Universitäten, Forschungseinrichtungen u.v.m. nutzen diese Dienstleistung von tredition, um unter eigener Marke ohne Risiko Bücher zu verlegen.

Alle Informationen im Internet: **www.tredition.de/fuer-verlage**

tredition wurde mit mehreren Innovationspreisen ausgezeichnet, u. a. mit dem Webfuture Award und dem Innovationspreis der Buch Digitale.

tredition ist Mitglied im Börsenverein des Deutschen Buchhandels.

Dieses Werk elektronisch lesen

Dieses Werk ist Teil der Gutenberg-DE Edition DVD. Diese enthält das komplette Archiv des Projekt Gutenberg-DE. Die DVD ist im Internet erhältlich auf **http://gutenbergshop.abc.de**